राष्ट्र के गौरव

राष्ट्र के गौरव

जगराम सिंह

KALPAZ

राष्ट्र के गौरव

ISBN : 978-93-5324-073-8

भारत में सन् 2019 में प्रकाशित
कल्पाज पब्लिकेशन
सी–30, सत्यवती नगर,
दिल्ली–110052
Phone : 9212142040
ई–मेलः kalpaz@hotmail.com

मुद्रितः जी. प्रिंट प्रोसेस, दिल्ली

राष्ट्राय स्वाहा!
इदं राष्ट्राय!!
इदं न मम्!!!

।। वयं राष्ट्रे जागृयाम पुरोहिताः।।
।। अपने राष्ट्र में नेता बनकर।।
।। हम जागरणशील।।
।। रहें।।

मनोगत

ये जो स्वासें हम ले रहे हैं इन स्वासों के स्वरों में समायी शक्ति को ही ईश्वर कहते हैं। ईश्वर को देखकर नहीं अपितु उसकी उपस्थिति की अनुभूति कर ही जाना या समझा जा सकता है। यह सत्ता तो रोम–रोम में, कण–कण में, सर्वत्र, चहुंदिशि अपनी जागृत उपस्थिति की अनुभूति कराती रहती है।

यह जो चराचर जगत दृष्टिगोचर हो रहा है वह वास्तव में ईश्वर का ही एक सुंदर रूप है। यह मंगलरूप ही सत्यम् शिवम् सुन्दरम् के ताने–बाने से गुंथा हुआ है। शास्त्र की शब्दावली में कहें तो यह जो सत्य है वही ईश्वर है। जहाँ–जहाँ सत्य परिलक्षित होता है वहाँ–वहाँ ईश्वरीय उपस्थिति का आभास होता है।

यह जो सत्य है न, यही जगत के लिए शिव अर्थात् कल्याणकारी है। शिव ही सही अर्थों में सुन्दर होता है। जो–जो सृष्टि में सुन्दर है वाह्य नहीं अंतर से वह सबका सब शिव सत्य स्वरूप परमात्मा है इसलिए तो विद्वत्जन ईश्वर को सत्यम् शिवम् सुन्दरम् भी कहकर यशोगान करते है। यह मनोहरी सृष्टि प्रभु ने बड़े लगन एवं प्रेमपूर्वक रची है। जिसमें विविध रूपों, रंगों, गंधों, आकारों का यथानुकूल समावेश है। सारी सृष्टि का जर्रा–जर्रा ही अपनी ओर आकर्षित कर ईश्वर के स्नेहिल आलिंगन का कानों में नित्य निमंत्रण सा देता रहता है।

यह सम्पूर्ण सृष्टि ही परमात्मा की अनुपम देन है जो नारद–शारद, शेष, गणेश, सुरेश में अवर्णनीय है। चौरासी लाख योनियों के बाद जब भी श्रेष्ठ मानव योनि में जन्म लेने का सौभाग्य जीव को मिलता तब ईश्वर रचित विविधता भरी भारत रूपी सृष्टि के सान्निध्य की लालसा प्रबल होती है।

कहा भी गया है।

दुर्लभं भारते जन्मः।
मानुषं तत्र दुर्लभः।।

उस पर भारत जैसी पवित्र भूमि जो ऋषियों, मुनियों, ज्ञानियों, विज्ञानियों, तपस्वियों, धर्मात्माओं, वीरों, हुतात्माओं के कारण त्यागभूमि, धर्मभूमि, भावभूमि, यज्ञभूमि, कर्मभूमि, मातृभूमि, मोक्षभूमि जैसे श्रेष्ठ से श्रेष्ठतर संबोधनों से सम्मानित हुई, जिसके लिए कोटिक सपूतों ने अपना सर्वस्व बलिदान कर उसकी गौरव गरिमा रूपी धवल ध्वजा को विश्व शिखर पर प्रस्थापित कर उसे गौरवान्वित किया। उस पर तो जन्म लेना मनुष्य के लिए अति दुर्लभ है।

प्रभु का तो मैं तन–मन–धन से और आत्मसमर्पित हो ऋणी हूँ कि जो उसने मुझ अकिंचन प्राणी पर इतना अक्षय उपकार कर अनुग्रहीत किया कि हमें भारत जैसी पुण्य भूमि पर जन्म लेने का अवसर प्रदान किया। अतः अपनी जन्म–जन्म की सम्पूर्ण संचित पूँजी इसके श्री चरणों में चढ़ाने पर ही ऋण से मुक्ति का उपाय सिद्ध होगा।

इस अपरिमित उपकार के बदले में उसकी रची रचना से निस्वार्थ प्रेम कर, अपने हृदय में स्थान देकर, जो जीव मात्र के प्रति समान वर्ताव की अपेक्षा होती है उसी पर कर्तव्यरत रहकर सेवार्थ के रूप में प्रभु द्वारा दिये हुये उपकार रूपी भेंट के बदले में अंजुलि भर सुमन भेंट करने में ही जीवन की धन्यता एवं सार्थकता निहित है।

जब जब होय धरम की हानी।
बाढ़े अधम असुर अभिमानी ।।

तब तब धरि प्रभु मनुज शरीरा।
हरहि सदा सज्जन भव पीरा।।

जब जब धर्म का पलड़ा कमजोर होता है तब तब अधर्म सिर चढ़ कर बोलने लगता है और सर्वत्र मनमानी का साम्राज्य व्याप्त हो जाता है सभी शुभ कार्य पैर तान करके सो जाते हैं अर्थात् लुप्तप्राय हो जाते है। कहीं भी आशा की किरण परिलक्षित नहीं होती है। घोर अंधकार मानो प्रकाश को निगलने का प्रयास करने लगता है । निराशा के उमड़ते घुमड़ते बादल झूठी दम्भ भरी गर्जना करने लगते हैं ऐसी घोर निराशा रूपी अशांत घड़ी में कोई न कोई देदीप्यमान सितारा अंधकार के वक्ष को चीर कर बाहर आता है चाहे राम रूप में हो या कृष्ण रूप में हो, धर्मराज युधिष्ठर के रूप में हो आदि ऐसी लम्बी परम्परा की कतार है जिनका उल्लेख मेरी लेखनी के बस की बात नहीं है यह तो नारद शारद शेष द्वारा ही संभव हो सकती है परन्तु ऐसे वीरगतियों का स्मरण ही अंतर बाह्‌य को रोमांचित कर देता है, आह्‌लादित कर देता है और हृदय में विजिगीषु भाव से सराबोर कर देता है वास्तव में ऐसे अनिर्दिष्ट, त्यागी, तपस्वियों सूरवीरों, नरवीरों की गाथाएं हर आने वाले राह के पथिकों को प्रेरणा देतीं रहेंगी दिशा दर्शन कराती रहेगी। निराशा में आशा का दीप जलाती रहेंगी। महत्वकांक्षाओं का स्वप्न साकार कराती रहेगी और श्रवण, मनन, चिंतन, से जीवन जीने का पाठ पढ़ाती रहेंगी। राह के सच्चे मीत बन कर स्वयं अपनी अंगुली पकड़ाकर पग–पग पर जीवन का मार्गदर्शन कराती रहेंगी। ऐसे श्रेष्ठ जनों का जीवन उदय से लेकर अस्त तक एक तेजस्वी, समर्पित जीवन जीने का सामर्थ्य अंतः करण में जागृत करता है और सुख–दुख में समरूप रह कर मानापमान से उठकर यशापयश से विमुक्त होने का अमर संदेश देता है फलतः उन सभी का अस्तित्व ही उनका जीता जागता व्यक्तित्व बन जाता है राह की अमिट पगडंडी बन जाता है यही व्यक्तित्व उनके निरासक्त सफल कृतित्व

की जनमानस के मानस पटल पर अमिट छाप छोड़ जाता है जिस पर कोटिक बन्धु उन मूक पगडंडियों पर चल कर अपने जीवन के उदि्दष्ट रूपी अनुष्ठान की पूर्णाहुतिकर यशस्विता प्राप्त करते हैं धन्य हैं ऐसे लोग, धन्य हैं उनकी गाथायें जिनका जीवन आने वालों के लिए वैतरणी की मझधार में पुण्यस्वरूपा गौरूप बन गया जिसकी पूंछ पकड़कर भव पार करने का सेतु रूप साधन बन गया ऐसे दिव्य पूर्वजों का स्मरण, श्रवण, चिंतन, लेखन आदि करने का जो अत्यंत अंतस्थ मित्रों, सहयोगियों, सहभागियों, हितैषियों की असीम अनुकम्पा, मार्गदर्शन, सहयोग, सुझाव आदि का सौभाग्य रूप मिला। उससे मेरे ऐहिक एवं पारलौकिक दोनों ही लोक सुधर गये और इस पावन गंगा में डुबकी लगाकर संपूर्ण जीवन पवित्र हो गया।

इसी भगीरथी का सान्निध्य सभी स्वजनों को मिले इसी विनम्र प्रार्थना के साथ यह पुष्प सभी सुधि पाठकों के श्री चरणों में भेंट कर अपनी लेखनी रूपी सरिता के प्रवाह के विराम की करवद्ध प्रार्थना के साथ।

धन्यवाद

जगराम सिंह

प्रस्तावना

भारत जैसी पवित्र भूमि पर अनेकों तपस्वियों, ज्ञानियों, कर्मवीरों, बलिदानी महापुरुषों ने जन्म लिया। जिन्होंने अपने त्याग, समर्पण से आदर्श चरित्र, सेवा, कर्मनिष्ठा, वीरता, प्रतिभा आदि सद्गुणों से राष्ट्र का संरक्षण, संवर्धन, संगठन जैसे उच्चादर्श प्रस्थापित किये।

प्राचीन भारतीय संस्कृति और सभ्यता, परंपराओं एवं श्रेष्ठ पूर्वजों द्वारा किए गये सत्कर्मों का उज्ज्वल परिणाम है। जिसका अध्ययन करने से हमें एक ओर अपने यशस्वी पूर्वजों का पुण्य स्मरण होता है। वहीं दूसरी ओर उनके द्वारा प्राणप्रतिष्ठित शाश्वत जीवन मूल्यों और संस्कारों का अंतःकरण को सुखद आभास होता है। जिसके बल पर उन्होंने पवित्र मातृभूमि को विश्वगुरु के स्वर्ण सिंहासन पर प्रतिष्ठित करने का साभार कार्य किया। परंतु कालचक्र की क्रूर मति–गति ने उसके धवल, विराट स्वरूप को परिवर्तित ही नहीं अपितु क्षत–विक्षत करने का भी घ्रणित कार्य किया। जिसे उसकी वीर सपूती सन्तानों ने अपनी मेधा, बल, पौरुष के दम पर सम्पूर्ण सृष्टि का सिरमौर बनाया। उनका आदर्श क्या था? वह था राष्ट्रधर्म!

राष्ट्रधर्म वह धर्म है जिसको धारण कर समाज के सभी घटकों के महापुरुषों ने राष्ट्र की एकता और अखंडता के लिए पग–पग पर अपने जीवन का सर्वस्व न्योछावर करने के कीर्तिमान स्थापित किये।

प्राचीन काल से ही चाहे भगवान श्रीराम का रामराज्य काल रहा हो या अन्य श्रेष्ठ चक्रवर्ती सम्राटों, महाराजाओं, राजाओं का काल रहा हो, सभी ने अपने राष्ट्र की अस्मिता के लिए अपने सुख–वैभव का त्याग कर राष्ट्रधर्म को अन्तिम पराकाष्ठा तक निभाया।

अपने राष्ट्र की पुत्रवत प्रजाजन की रक्षा करना ही एक राजा का क्षात्रधर्म अर्थात राष्ट्रधर्म होता है। परन्तु समय–समय पर उनमें आये दोषों के कारण प्रजाजन को अलँघ्य कठिनाइयों एवं घोर संकटों का भी सामना करना पड़ा। इसलिए क्षात्रगुणों से युक्त राजा के अस्तित्व की समाज को सदा आवश्यकता रही है। इसी कारण रावण, कंस जैसे क्रूर, आततायी, पापी राजाओं से मुक्ति के लिए भगवान श्रीराम, भगवान श्रीकृष्ण जैसे श्रेष्ठ धर्मात्मा राजाओं के प्रादुर्भाव के लिए सम्पूर्ण समाज के श्रेष्ठजनों को प्रयत्नरूपी यज्ञानुष्ठान करने पड़े। जिससे प्रजाजन को निर्विघ्न जीवन जीने का सौभाग्य प्राप्त हो सके और धर्म की पुनः स्थापना का यज्ञ पूर्णाहुति को प्राप्त हो सके।

इन्हीं सब ऐतिहासिक तथ्यों को शोध, परख, अनुभव कर भगवान श्रीराम से लेकर लौहपुरुष सरदार बल्लभभाई पटेल तक की सुदीर्घ परम्परारुपी श्रृंखला को श्री जगराम सिंह द्वारा सृजित "राष्ट्र के गौरव" रूपी हार में पिरोने का परिश्रमपूर्वक प्रयास किया गया है। जो भावी सन्तानों के लिए प्रेरक, मार्गदर्शक, पथ के मूक पाषाण दर्शक के रूप में अवश्य ही उपयोगी एवं सहायक सिद्ध होगा। अंततः लेखक के उज्ज्वल भविष्य के साथ ही मातृभूमि की अखण्डभक्ति की प्रभु से प्रार्थना करता हूँ।

धन्यवाद

कमलेश सिंह
राष्ट्रीय सह–संयोजक
हिन्दू जागरण मंच

अनुक्रमणिका

१

भगवान श्रीराम

एक राज्य अयोध्या के आस–पास काफी दूर तक फैला हुआ था और वहाँ पर सूर्यवंश का एक राजा राज्य करता था। उसका नाम त्रय्यारुण था। इस त्रय्यारुण ने अपना राज्य अपने दुराचारी पुत्र सत्यव्रत को न देकर अपने पुरोहित देवराज वशिष्ठ नामक ऋषि के हवाले कर दिया था।

वशिष्ठ ऋषि एक त्यागी–अनासक्त एवं स्वतंत्र प्रज्ञा के पुरूष थे। राज्य पद्धति के विषय में उन्होंने पर्याप्त विचार किया था। इसलिए इस भार को सहर्ष स्वीकार करते हुए उन्होंने अपनी विशिष्ट शासन प्रणाली को प्रारंभ किया। उनके राज्य की संपूर्ण राज्य व्यवस्था धर्मानुसार ही चला करती थी। जो गुरूकुल की अवस्था थी, वही संपूर्ण राज्य की भी थी। उन्हें राज्य यंत्र के अस्तित्व की कोई आवश्यकता ही प्रतीत न होती। उनके विचार में समाज एक बड़े परिमाण पर चलनेवाला गुरूकुल ही था, परंतु विश्वामित्र के साथ हुई दोनों लड़ाइयों में उनकी प्रजा को कष्ट उठाने पड़े तथा उनमें उसके जीवन तथा वित्त की जो हानि हुई थी, उसका वशिष्ठ के हृदय पर बड़ा ही गहरा प्रभाव पड़ा था। युद्ध दृष्टि से आवश्यक सभी गुणों से युक्त राज्य की रक्षा का भार वहन करने की सिद्धता रखने वाले क्षत्रिय वर्ग के अभाव में परचक्र का प्रतिकार करते समय प्रजा को जो कठिनाइयाँ झेलनी पड़ती हैं, उनकी स्पष्ट कल्पना इस समय महर्षि वशिष्ठ को थी। इसीलिए ऐसे क्षत्रिय कर्म का सुयोग्य रीति से संचालन करनेवाले एक कुशल नेता की अर्थात् क्षात्रगुणों से युक्त राजा के अस्तित्व की आवश्यकता को अब वे पूर्णतया मानते थे और अब उनके हृदय में निरंतर यही विचार उठा करता कि अपने जैसा एक शांतवृत्ति का युद्ध कला से सर्वथा अनभिज्ञ व्यक्ति राष्ट्र के एक नेता तथा एक विश्वस्त के नाते कार्य करने की दृष्टि से सर्वथा अपात्र है। तब उन्हें यह बात भलीभाँति जँच गई। राष्ट्र की सुरक्षा की दृष्टि से एक सुसंगठित तथा सर्वांग संपूर्ण राज्य यंत्र की आवश्यकता अनिवार्य होती है। अतः उन सभी बातों के सुयोग्य संचालन का कार्य उनके हाथों कदापि संपन्न नहीं हो सकता। अतः स्वयं राजपद त्याग करते हुए उन्होंने फिर से त्रय्यारूण पुत्र सत्यव्रत (त्रिशंकु) को राजपद प्रदान कर कुल पुरोहित होना स्वीकार किया।

जीवन एक संघर्ष है। संसार में सदैव सबल ही निर्बलों को दबाया करता है। यह प्रत्यक्ष व्यवहार ज्ञान उस समय हमारे समाज

से लुप्त हो गया था। ऐसी परिस्थिति में महर्षि वशिष्ठ चाहते थे कि समुचित संस्कारों द्वारा यह सर्वसाधारण ज्ञान सिंहासनाधिष्ठित व्यक्ति के अंतःकरण पर पुनरपि अंकित हो। समाज संरक्षण की क्षमता रखनेवाले व्यक्तियों की अखंड परंपरा गद्दी पर आती रहे। इस बात के महत्त्व को वे भलीभाँति समझ चुके थे। अतएव अब उन्होंने इसी कार्य को अपने हाथ लिया, किंतु उसमें सफलता प्राप्त होने के लिए काफी समय की आवश्यकता है। शासन करने की दृष्टि से सुयोग्य जानकार सूर्यवंशी सगर, भगीरथ, रघु, दिलीप, दशरथ जैसे राजागण आदर्श प्रजापालक के रूप में प्रसिद्ध हुए। इस प्रकार अपनी प्रजा के जीवन को सुखी और समृद्ध बनाने की दृष्टि से इन राजाओं ने कई काम किए थे, किंतु उनके हृदयों पर क्षात्रवृत्ति के संस्कार दृढ़मूल न होने के कारण उनमें से कोई भी एक सबल साम्राज्य संस्थापक महापराक्रमी सम्राट् के रूप में आगे न आ सका।

दशरथ के शासनकाल में तो दक्षिण की ओर से पुनरपि परचक्र का उपद्रव प्रारंभ हुआ। लंका के महापराक्रमी राजा रावण द्वारा दी जानेवाली यंत्रणाओं से अपने राष्ट्र की मुक्ति हेतु किस उपाय का अवलंबन किया जाए, वशिष्ठ के सम्मुख यही विकट समस्या अपने उग्रतम रूप में उपस्थित थी, किंतु दशरथ की ओर से उसका प्रतिरोध का तनिक भी प्रयास होता दिखाई नहीं देता था। इस कारण वशिष्ठ की दृष्टि दशरथ के राजकुमारों पर ही केंद्रित हुई कि यदि इन राजकुमारों को क्षत्रियोचित संस्कार दिए जाएँगे तो हो सकता है कि लक्ष्य प्राप्ति में सुगमता हो सके। इसी बात को ध्यान में रखकर युद्ध कला और राजनीति में पारंगत ऐसा एक ही पुरुष उस समय उनकी आँखों के सम्मुख था और वह थे गाधिपुरी में तपस्या करने वाले विश्वामित्र। इसी हेतु को केंद्रित कर वशिष्ठ ने विश्वामित्र को इस कार्य हेतु राजी कर लिया। अपने भरण–रक्षण के निमित्त राम और लक्ष्मण की माँग करने हेतु वे दशरथ के दरबार में आए थे, परंतु दशरथ ने मोहवश लाख मना करने की कोशिश की। तब वशिष्ठ

ने बड़े ही अर्थपूर्ण एवं समयोचित शब्दों में उनकी (दशरथ) शंकाओं का समाधान किया था। फिर विश्वामित्र के साथ राम–लक्ष्मण को भेजा जाता है।

जिन–जिन महापुरूषों ने भारत की चक्र संरक्षा की, उन सभी को एक विशेष प्रकार की असामान्य शिक्षा प्राप्त हुई थी। इस प्रकार की यह शिक्षा ही उन महापुरूषों द्वारा किए गए लौकिक कार्यो की नींव थी और ऐसी इस महत्त्वपूर्ण स्वराष्ट्र कार्य साधक शिक्षा प्रणाली के प्रवर्तक महर्षि वशिष्ठ और विश्वामित्र को अपने उद्देश्य की पूर्ति हेतु भारी कीमत चुकानी पड़ी थी। इस महान् राष्ट्र कार्य की साधना के लिए उन्होंने अपने व्यक्तिगत मानापमान की भावना और अपनी भूतकालीन शत्रुता की आहुति दी थी। इसीलिए परचक्र के घोर संकट से स्वराष्ट्र को मुक्त करने वाले चक्रवर्ती सम्राट् का वे निर्माण कर सके। उनका यह उद्योग अभूतपूर्व एवं अलौकिक था और उसका फल भी उन्हें तथा समूचे राष्ट्र को वैसा ही अलौकिक मिला।

बड़ी विचित्र परिस्थिति थी उस समय देश की। ऋषियों के प्रायः सभी आश्रम बंद हो चुके थे। राक्षसों के आतंक और उत्पातों के कारण यज्ञादि करना असंभव हो गया था। कहीं पर भी वेदघोष नहीं सुनाई देता था। राक्षसों (परचक्रों) के अत्याचारों से संपूर्ण जनता त्रस्त हो उठी थी। स्थान–स्थान पर राक्षसों (परचक्रियों) की पाशवी लीलाओं के शिकार बने लोगों की अस्थियों के पर्वताकार ढेर विश्वामित्र के साथ वन जाते राजकुमारों (राम–लक्ष्मण) को दिखाई देते हैं। संभवतः इन्हीं सब दृश्यों के अवलोकन के परिणामस्वरूप उस कालबोध में श्रीरामचंद्र को अपने जीवन के कर्त्तव्यों का समुचित ज्ञान हुआ होगा।

साथ ही शिवधनुष को तोड़कर श्रीराम ने मानो अपने जीवन कार्य का एक प्रकार से श्रीगणेश ही कर दिया और परचक्र से स्वदेश की रक्षा करने हेतु वे स्वयं तो सिद्ध हो चुके थे, किंतु किसी एक व्यक्ति के बलबूते का तो वह कार्य था ही नहीं। यह अवश्य है कि श्रीराम

जी में व्यक्तिनिष्ठा एवं आत्मविश्वास का भाव अपने प्रखरतम रूप में था। फिर भी अभी तक उनके व्यक्तित्व का असर तत्कालीन समाज पर नहीं पड़ सका था। उनके अलौकिक सामर्थ्य का ज्ञान समाज को न हो सका था। समाज में पराभूत मनोवृत्ति का प्राबल्य था। उनका जीवन चेतनाहीन बन चुका था। दूरद्रष्टा विश्वामित्र चाहते थे, इन सारी परिस्थिति को बदलते हुए समाज की उक्त मनोवृत्ति को ठीक विपरीत दिशा की ओर मोड़ना और एक प्रकार से श्रीराम के सामर्थ्य की धाक जमाते हुए समाज के हृदय में इस भावना का निर्माण करना कि यह पुरूष उनकी रक्षा हेतु केवल समर्थ और सिद्ध ही नहीं अपितु उस कार्य हेतु पूर्णतया कटिबद्ध है। महापराक्रमी परशुराम के गुरू श्री शिव के धनुष को श्रीराम के हाथों भंग करवाने की योजना कर विश्वामित्र ने अपने इसी उक्त उद्देश्य को पूर्ण कर लिया।

किंतु विवाहोत्सव को बड़े ही आनंद के साथ संपन्न कर ज्यों ही वरयात्रा अयोध्या के मार्ग पर अग्रसर हुई, उसी समय किसी भीषण उत्पात के सदृश्य चिह्न दिखाई दिए और दूसरे ही क्षण लोगों ने देखा कि पृथ्वी को निःक्षत्रिय करनेवाला परशुराम उनका मार्ग रोककर सामने डटा हुआ है। तत्पश्चात् कुशल प्रश्नों के बीच उन्होंने परशुराम से पूछा। ब्रह्मन्! जिस समय आप यह देश छोड़कर गए थे, उस समय यहाँ के लोगों की अवस्था कैसी थी और आज आपके फिर इस ओर आने पर आपको वह कैसी दिखाई दी? इस पर परशुराम ने सीधा उत्तर दिया। उस समय देश धन–धान्य से युक्त था। लोग सुखी थे, किंतु इस समय इधर आते हुए संपूर्ण देश उजाड़ और श्मशानवत् दिखाई दिया। तब राम ने कहा कि परचक्र का प्रतिकार करने की दृष्टि से अत्यावश्यक रहने वाले क्षत्रिय वर्ण को उनके द्वारा नष्टप्राय किए जाने के कारण ही परकीय राक्षस लोग यहाँ पर अपना आतंक जमाकर इस देश को बड़ी ही सरलता के साथ लूट सके। इस प्रकार जनता के मृतप्राय बनने का सारा ही पाप परशुराम के माथे मढ़ा जा रहा था, जबकि उनके पास इसका

कोई उत्तर न था। अंत में उन्हें अपनी भूल स्वीकार करनी पड़ी और पाप के प्रायश्चित के रूप में उनका तेजोहरण किया गया। अर्थात् उनकी कोई भी प्रतिष्ठा शेष न रह गई और उनके प्रभाव का युग समाप्त हो गया।

परशुराम जैसे महावीर को इस प्रकार अपने सम्मुख झुकने के लिए विवश कर देनेवाले श्री राम का प्रभाव इस घटना से कई गुना अधिक बढ़ गया। उससे समाज के विचारवान लोगों को यह बात भलीभाँति जँच गई कि उन्हें समाज में क्षात्रवृत्ति का परिपोष करने की आवश्यकता है। इस प्रकार इस समय यहाँ पर दो भिन्न विचार प्रणालियों के बीच सुवर्ण तथ्य प्राप्त हुआ।

तत्कालीन समाज के नेतागण इस समन्वय पालक निष्कर्ष पर पहुँचे कि समाज संरक्षण के लिए हमें एक सामर्थ्यशाली एवं सशस्त्र क्षत्रिय वर्ग की आवश्यकता तो है, किंतु इसके साथ ही उस वर्ग की स्वाभाविक उद्दंड वृत्ति को मर्यादित रखने हेतु कुछ समुचित बंधनों की भी जरूरत है, क्षत्रिय वर्ण समाज का एक महत्वपूर्ण अंग है। अतः समाज के कल्याणार्थ उसे बनाए रखना भी नितांत आवश्यक है। जिस प्रकार कभी प्रसंगवशात् दाँतों के द्वारा जीभ के काटे जाने पर भी उन्हें कोई उखाड़कर नहीं फेंकता, वैसे ही किसी समय क्षत्रियों के उच्छृंखल एवं अत्याचारी बन जाने पर उनका समूल नाश किया जाना परिणाम में समाजहित घातक ही होता है। ऐसी परिस्थिति में एक कुशल समाज के नेता का वास्तविक कर्तव्य यह है कि वह केवल इतनी ही सावधानी रखे कि क्षत्रियों तथा समाज के अन्य लोगों के बीच उक्त प्रकार का कोई संघर्ष निर्माण न हो। संकट के समय में जिस प्रकार अपने प्राणों की भी चिंता न करते हुए लड़ने की वृत्ति क्षत्रियों में होती है, उसी प्रकार शांति के काल में भी विविध प्रकार के उपभोग करने की मनोवृत्ति भी उनमें स्वभावतः ही रहा करती है। इस बात को ध्यान में रखते हुए समाज नेताओं को चाहिए कि वे क्षत्रियों से निभा लिया करें। इस प्रकार का विचार उस समय

सर्वसम्मत बना। इसलिए श्रीराम की उक्त विचारधारा का प्रसार बड़ी ही तीव्र गति से होने लगा। अतः समाज रक्षा के उच्च हेतु से प्रेरित होकर मृत्यु से भय और जीवन से मोह न रखते हुए परचक्र का संगठित प्रतिकार करने में समर्थ ऐसे क्षत्रिय वर्ग का अस्तित्व समाज में होना ही चाहिए। ऐसी चर्चा अभी और सुनाई देने लगी। इस प्रकार समाज धारणा की दृष्टि से पोषक उक्त सिद्धांत की सर्वत्र विजय हुई। श्री परशुराम के तेजो भंग के पश्चात् श्रीराम के स्वतंत्र कर्तव्य का श्रीगणेश हुआ। श्रीराम के हाथों रावण का पराभव और स्वराष्ट्र की रक्षा कराना ही तो वशिष्ठ और विश्वामित्र आदि ऋषियों का उद्देश्य था, क्योंकि रावण का पराभव कर प्रजा को पुनः सुख के दिन प्राप्त करा देने वाले राजा को ही जनता किसी भी अवस्था में सहयोग प्रदान करेगी, क्योंकि एक पराक्रमी राजा को ही प्रजा का प्रेम और आदर प्राप्त हुआ करता है।

तदुपरांत दंडकारण्य में प्रवेश करते हुए उन्होंने वानर जाति के लोगों से संबंध स्थापित किया। अपने असामान्य नेतृत्व के द्वारा जनता में प्रतिकार सामर्थ्य और आत्मविश्वास उत्पन्न किया। अपने व्यक्तित्व के बल पर नए–नए मित्र एवं अनुयायी प्राप्त किए। वनस्थ सभी ऋषियों ने उनका स्वागत किया। कार्य सिद्धि की दृष्टि से उन्हें आवश्यक सूचनाएँ दीं तथा उनके हाथों दुष्टों का वध करवाकर लोगों के हृदयों में उनके प्रति श्रद्धा उत्पन्न की। इस प्रकार अपने प्रभाव को बढ़ाते हुए अधिकाधिक सहयोगियों को प्राप्त करते हुए और पूरे चौदह वर्ष की सिद्धता के पश्चात् सभी लोगों का परामर्श और सहयोग लेकर ही उन्होंने लंका पर चढ़ाई की। पर्याप्त साधन सामग्री के उपलब्ध न होने पर भी उन्होंने एक अत्यंत सामर्थ्यवान एवं शस्त्रास्त्रों से सुसज्जित शत्रु से युद्ध किया और उसकी राजधानी में ही प्रत्यक्ष प्रवेश करते हुए उसका वध किया। श्रीराम के इस कार्य में उन्हें उनके द्वारा प्रयत्नपूर्वक प्राप्त किए गए मित्र तथा अनुयायियों ने अपेक्षा से भी अधिक सहयोग प्रदान किया था।

राम के जीवन का पूरा चरित्र अपने युग में व्याप्त घोर कुशासन, दुर्नीति, आतंक, उत्पीड़न और अत्याचार के नाश का इतिहास है, जिसमें हनुमान का चरित्र उनके सहायक के रूप में संबद्ध रहा। राम और हनुमान का चरित्र कुछ इस प्रकार अन्योन्याश्रित होकर घटनाओं का ऐसा समुच्चय बना कि श्रेयससिद्धि के नाम से एक–दूसरे से अलग किया ही नहीं जा सकता। राष्ट्र संचालन के गंभीर दायित्व निर्वाह में जिस प्रकार नितांत निष्ठापूर्ण समर्पित सहायक की आवश्यकता होती है, उसकी पूर्ति राम के लिए हनुमान के ही चरित्र में संभव थी।

सांस्कृतिक मूल्यों की रक्षा का जो कार्य राम करना चाहते थे, उसका पूरा होना हनुमान पर आश्रित था। रामतत्व की स्थापना के लिए हनुमान का सम्मिलन अनिवार्य घटना थी। राम का संपूर्ण जीवन घटनाओं से भरा पड़ा है। राज्य के अधिकार से वंचित होने मात्र से राज्यधर्म की रक्षा के दायित्व से अपने को मुक्त नहीं माना था। राम राजपुरूष थे और कठिन स्थितियों में भी वे यह कभी नहीं भूले कि ''जासु राजप्रिय प्रजा दुखारी, सो नृप अवस नरक अधिकारी'' यह वह कर्तव्यबोध था, जिसकी शिक्षा राजपुत्र के रूप में बालक राम ने ऋषिकुल में महान् गुरूओं से पाई थी और जिसके कारण वे पुरूषोत्तम कहलाए। वनवास उनके लिए उदासीन जीवन के पर्याय का नाम नहीं था, वरन् संपूर्ण बिखरे राष्ट्र और जातियों को संगठित कर अन्याय और आतंक को निर्मूल करने का अर्थार्थी था। राम को अपने इस कार्य में दक्षिण के वन प्रदेशों में रहनेवाली वानर जाति विशेष उपयुक्त प्रतीत हुई, जो कि अत्यंत बलशाली कर्त्तव्य–परायण और समर्पित जाति थी। इसी जाति समूह में हनुमान श्रेष्ठतम्, वीर, ज्ञानी और नीतिनिपुण थे, जिन्हें राम ने अपनी कार्यसिद्धि के लिए सर्वाधिक उपयुक्त समझा और अपने उद्देश्य की प्राप्ति का अपरिहार्य अंग बना लिया।

राम के संपर्क में आए वानर कोई आज की भ्रांत धारणा जैसे बंदर या चतुष्पदी जीव नहीं थे। वे मानव समुदाय के वैसे ही श्रेष्ठ

सामाजिक, राजनीतिक और सांस्कृतिक व्यवस्था के धनी होने के साथ अतुलित बलशाली, बुद्धिमान और समयानुकूल विधाओं के भी ज्ञाता थे, जैसे कि नर या राक्षस समुदाय के लोग थे अर्थात् वे नर अथवा राक्षस जाति से भिन्न कोई अन्य समूह के लोग थे।

हनुमान को युद्ध में मेघनाद ने परास्त कर और निस्तेज पड़ा देखकर सन, वल्कल और वृक्षों की छाल से बनी हुई रस्सियों से कसकर बाँधा। यही बंधन और लांगुल लंका दहन में हनुमान का सहायक हो गया। आज भी वनों और पहाड़ियों में रहने वाली जातियों के लोग कमर में मजबूत रस्सी जैसी मूँज आदि की घास लपेटे रहते है, जो बोझ ढोने या आपत्तिकाल में शत्रु से मोर्चा लेने के लिए प्रयोग में लाई जाती है। वस्तुतः यह युगीन जातीय श्रेष्ठता की लड़ाई का परिणाम था, जिसमें तत्कालीन नर और राक्षस समूह के जातीय अथवा सांस्कृतिक वर्चस्व में दोनों के बीच में पड़ने वाले दक्षिण पहाड़ी क्षेत्र की वनचर (घुमंतू) जाति को अपने ही हीन समझकर उनको कहीं गणना लायक भी नहीं समझते थे और उन्हें वानर (वन में रहने वाला) पुकारते थे। स्वयं वानर भी दक्षिण में विकसित अपार भौतिक संपदा के धनी राज्य लंका और उत्तर के सांस्कृतिक विकास के धनी कोसल साम्राज्य के बीच उन्नति की दौड़ में अपने को अत्यंत पिछड़ा मानकर कुंठित थे।

श्रेष्ठ भाषाविद् हनुमान ज्ञानिनामाग्रगण्य थे। आध्यात्मिक ज्ञान और सिद्धियों की प्राप्ति की दृष्टि से वानर अत्यंत श्रेष्ठ थे। ''वने भवं वानस इति वानरः' अर्थात् वन नामक ब्रह्म में जो आनंद रस है, उसी का नाम वान है जो वान को प्रदान करते हैं, वे ही वानर हैं। इतनी बात मात्र है कि अपनी कठिन भौगोलिक स्थितियों के कारण दो विभिन्न संस्कृतियों के बीच वानर अपने अस्तित्व को बनाए रखने की दौड़ में बहुत पीछे रह गए। बाद में बंदर को उपहास की मार झेलनी पड़ी। जबकि वानर शब्द बंदर का सूचक न होकर वनवासी का द्योतक था।

वानरों के जीवन में भी उन्नत सामाजिक सांस्कृतिक सभ्यता थी, जो वानर नरेश बालि की राज्य व्यवस्था से स्पष्ट है और हनुमान उस राम के राष्ट्रीय चरित्र के प्रति नितांत समर्पण का एक भाव, एक चेतना, एक जागृति है, जिसका जीवन एक विशाल राष्ट्र को रावण जैसे भय, उत्पीड़न, अव्यवस्था, दुर्नीति फैलाने वाले अत्याचारी से मुक्ति दिलाने के लिए संकल्पित था। राष्ट्र संचालन के लिए ऋषिकुल परंपरा को पुनर्स्थापित करना था। सामाजिक व्यवस्था हर ओर से पराजित हो चुकी थी, वेदनीति और ऋषिधर्म से चलनेवाला समाज पूर्णतः खंडित हो गया था। ऐसी स्थिति में राजा के दायित्व बोध के अनुरूप सुव्यवस्था को पुनर्जीवित करने का राम ने एक संकल्प उठाया, जिसकी सफलता हनुमान के राम के प्रति समर्पण से संभव हुई। श्रीराम का यह महान् संकल्प ही राम–राज्य की स्थापना का कारण बना। ऐसे ही गुण संपन्न महापुरूष की राम को आवश्यकता थी और हनुमान का व्यक्तित्व एक ऐसे श्रेष्ठ धर्मी व्यक्तित्व में समाहित होने की प्रतीक्षा में था, जिसके अनुकूल उसके वैयक्तिक गुण विकसित हुए थे तथा जो महासागर की विशालता में समाहित होकर स्वयं महासागर बनने योग्य था। राम ही हनुमान के लिए राष्ट्र थे, सब कुछ थे। राम ने जो राष्ट्रधर्म के आदर्श बनाए थे, हनुमान ने उनका ऐसा पालन किया, जिससे यह सिद्ध हुआ कि संपूर्ण समर्पण के द्वारा ही राष्ट्रसेवा का एकनिष्ठ संकल्प पूर्ण किया जा सकता है। राष्ट्रसेवा के लिए ही हनुमान ने अपना समर्पण किया। राम ही उनके राष्ट्र थे।

इसके उपरांत संपूर्ण वानर दल के साथ श्रीराम ने लंका पर चढ़ाई कर दी। लंका पर चढ़ाई किसी लोभ के वश नहीं की गई थी। रावण के आक्रमण से स्वदेश की रक्षा हेतु की गई थी। यह एक प्रत्याक्रमण मात्र था। रावण स्वयं न कोई परधर्मीय था और न परकीय ही। वंश से वह भारतीय था, किंतु स्वभाव से वह विलासी एवं पहले दर्जे का महत्त्वाकांक्षी था, अर्थात् जन्म से उसकी वृत्ति

राक्षसी बन चुकी थी। वर्षों पूर्व वह लंका में गया था। वहाँ के लोगों की संस्कृति, स्वभाव एवं वैभव से प्रेम हो जाने के कारण वह वहीं पर बस गया। उसे भरत खंड का अच्छा ज्ञान था। इस रावण द्वारा भारत पर किए गए आक्रमण का अर्थ था, राक्षसी संस्कृति का भारतीय समाज और संस्कृति पर आक्रमण। रावण स्वयं ही इस आक्रमण का नेतृत्व कर रहा था। राक्षसों की संस्कृति और समाज में रावण इतना घुल–मिल गया था कि वे लोग उसे स्वकीय के ही रूप में देखने लगे थे। जब सीताजी की खोज के निमित्त हनुमानजी लंका में गए तो उन्होंने वहाँ के मूल निवासियों को इस बात का स्मरण कराया कि उनकी दृष्टि से तो रावण परकीय ही है। इसके साथ ही यह बतलाया कि अपनी वैभव लालसा से प्रेरित हुआ रावण तुम लोगों पर भावी संकट (राम का आक्रमण) का मूल कारण है। इसके परिणामस्वरूप रावण के प्रति लंका निवासियों के मन में संदेह उत्पन्न हुआ। घर–घर में उसी बात की चर्चा सुनाई देने लगी। रावण की सेना में भी असंतोष और फूट ने जड़ पकड़ी। हनुमान ने लंका को आग लगाई, उसका यही भाव है।

लंका की विजय के बाद उतावले लक्ष्मण ने श्रीराम के सम्मुख यह सुझाव रखा कि अब वे अयोध्या वापस जाने के झमेले में न पड़कर स्वर्णमयी लंका में ही आनंद के साथ राज्य करें। इस पर राम ने कहा कि लक्ष्मण लंका चाहे स्वर्णमयी ही क्यों न हो, किंतु मुझे वहाँ रहना रूचता नहीं। मेरी दृष्टि में जननी और जन्मभूमि स्वर्ग से भी अधिक श्रेष्ठ है अर्थात् लंका में मुझे भोगमय जीवन का लाभ हो सकता है, किंतु उसमें मुझे कोई आनंद न होगा। इसलिए जिनका मुझ पर ऋण है, जिनकी आशा–आकांक्षा मुझ पर केंद्रित है, जो बड़ी आतुरता के साथ मेरी बाट जोह रहे होंगे और जिनके प्रति आत्मीयता की भावना मेरे अंतःकरण में ओत–प्रोत है, उन्हें छोड़कर यहाँ पर मैं कदापि नहीं रह सकता। जिस कर्त्तव्य की पूर्ति हेतु मैं यहाँ आया था, वह कार्य अब पूर्ण हो चुका है। यहाँ के वैभव की लालसा मुझे

नहीं है। मैं अपनी प्रजा से दूर नहीं रह सकता। अपना शेष जीवन अब उन्हें के साथ व्यतीत करूँगा।

अंत में जीते हुए राज्य की व्यवस्था उन्होंने विभीषण को सौंपी। श्रीराम को इस व्यवस्था से हमें भारतीय राजनीति का परमोच्च आदर्श प्रकट हुआ दिखाई देता है और सभी प्रकार के उपभोग करते हुए भी हृदय से पूर्णतः अनासक्त रहनेवाले और स्वयं को केवल प्रजा का विश्वस्त मानकर केवल समाज सेवा के लिए ही अपने संपूर्ण जीवन का बलिदान करने की धारणा रखनेवाले अटल कर्मयोगी के समान ही श्रीराम की भूमिका थी। राज्य का भोगशून्य स्वामी रहने तथा प्रजा के कल्याण हेतु प्रत्येक सुख का परित्याग करने की सिद्धता रखने की प्रतिज्ञा के साथ ही श्रीराम ने अयोध्या जाने पर सिंहासन ग्रहण किया था और अपने इस व्रत की पूर्ति हेतु देवी सीता का भी त्याग करने में वे हिचके नहीं।

अपि स्वर्णमयी लंका न मे लक्ष्मण रोचते।
जननी जन्मभूमिश्च स्वर्णाऽदपि गरीयसी।।

(वाल्मीकि रामायण–युद्धकाण्ड)

अंततः राजा के गुणों का उपयोग समाज हित के लिए ही होना है। समाज एक विशाल राष्ट्रपुरूष है और समाजांतर्गत विभिन्न वर्ग अथवा वर्ण हैं, अतएव उनमें से किसी भी एक अवयव का उन्मत्त होकर अपने आपको अदंड्य समझना केवल समाज के लिए ही नहीं प्रत्युत उस वर्ग विशेष के हित की दृष्टि से भी हानिकारक ही है। समाज धारणा का वास्तविक अर्थ अथवा धर्म तो यही है, कि सभी अंग समान भाव से एक होकर समाज की उन्नति का प्रयास करें, क्योंकि इसमें सभी का कल्याण निहित है। अतः अपने सामर्थ्य के द्वारा समाज की रक्षा और सेवा करने के व्रत को भुलाकर यदि राजा निज को अदंड्य मानने लगे तो समाज धर्म के शाश्वत नियम से मैं उसका नियंत्रण करूँगा, यही बात समाज मानो इस प्रसंग पर राजपुरोहित के मुख से राजा को चेतावनी देकर कहता है। संपूर्ण

देश में घूम–घूमकर तथा दिग्विजय प्राप्त करके जिस समय यज्ञ का अश्व लौटकर आता है, उस समय क्षत्रिय शक्ति को उन्माद होना भी एक दृष्टि से स्वाभाविक ही होता है। ऐसे समय क्षत्रिय शक्ति पर रहनेवाले धर्म के नियंत्रण का सुस्पष्ट ज्ञान करा देना ही इस विधि का उद्देश्य है।

इस विधि के रूप में समाज हित की दृष्टि से परमावश्यक एक नूतन तत्त्व सिखाया गया। राजा का सारा पराक्रम और पुरूषार्थ वास्तव में प्रजा के बल पर सफल हुआ करता है और वह शक्ति समाज की ही हुआ करती है। इसी को ध्यान रखकर ''संतो तपसा भूमि धारयति'' अर्थात् संत लोग अपनी तपस्या के बल पर समाजहित पोषक विचार एवं आचार का निर्माण कर क्षात्रबल के सहकार्य से राष्ट्र की धारणा करेंगे। ऐसी परंपरा या नियम इसी समय से रूढ़ि हुआ। हमारे राष्ट्रीयत्व का यह वैशिष्ट्य बहुत ही ध्यान देने योग्य है।

एक दृष्टि से देखा जाय तो परशुराम और श्रीराम परस्पर पूरक और परस्पर पोषक ही थे। परशुराम ने जहाँ सूत्र को लाकर छोड़ा था, वहीं से उठाकर श्रीराम ने उसे एक के द्वारा डाली गई दृढ़ नींव पर दूसरे ने एक प्रमाणबद्ध भव्य मंदिर का निर्माण किया। परशुराम समाज के हित के लिए ही तत्वों की निःस्वार्थ पूजा चाहते थे। ठीक उसी प्रकार जिस बात का केवल अनुभव मात्र ही परशुराम को अपने जीवन के अंतिम काल में हो सका था, किंतु जिसको प्रत्यक्ष व्यवहार में घटित नहीं कर सके थे। उसी मर्यादा पालन की महानता श्रीराम के जीवन में ठीक बाल्यकाल से ही होने लगी थी। समाज की धारणा एवं संस्कृति के विकास के ध्येय को उन्होंने कभी अपनी आँखो से ओझल न होने दिया। उसी नीति के अनुसार हिंसा–अहिंसा, धर्म, समाज, धर्म, एक क्षत्रियत्व और ब्रह्मणत्व आदि की मर्यादाएँ उन्होंने अपने प्रत्यक्ष आचरण से सिद्ध कर दिखाई। इसीलिए उन्हें मर्यादा पुरूषोत्तम का विरूप प्राप्त हो सका।

राक्षसी संस्कृति के भीषण आक्रमण आदि रूपों में जो समस्या हमें सदियों से भयभीत किए हुए थी, उसी का हल श्रीराम ने समन्वय की पद्धति से खोज निकाला। उन्होंने भारतीय राष्ट्रीयत्व को एक मूर्त स्वरूप प्रदान किया और सुस्थिर और शांतिमय एवं प्रगतिमान समाज जीवन का संचालन करनेवाली आदर्श राज्य पद्धति अर्थात् स्वराज्य पद्धति का निर्माण किया। वही राम राज्य की कल्पना है।

किंतु यह राम–राज्य किसी एक ही व्यक्ति की शक्ति और बुद्धि पर आधारित द्वारिका के समान नहीं था। रामराज्य की संस्थापना के श्रेय में श्रीराम के समान ही अयोध्या का समाज भी सहभागी है। इस समाज ने महर्षि– वशिष्ठ की शासन प्रणाली का अभिमान रखते हुए विश्वामित्र के परचक्र का दो बार सफल प्रतिकार किया था और तीसरी बार हरिश्चंद्र की अनुचित उदारता से लाभ उठाकर सत्ताधारी बने हुए विश्वामित्र का शासन भी चलना असंभव कर दिया था। तीनों ही बार उसे कष्ट झेलने पड़े थे, किंतु फिर भी उसने अपनी राजनिष्ठा को पूर्णतः निष्कलंक ही बनाए रखा। श्रीराम के शासनकाल में इस समाज की तेजस्विता भी मानो अपने परमोच्च शिखर पर पहुँची हुई दिखाई पड़ती है। कहना न होगा कि किसी के भी सामने न झुकनेवाले श्रीराम को केवल अपनी निष्ठा के बल पर ही उस समाज ने झुका लिया था।

इस रामराज्य का आधार रूप अथवा उसे धारण करनेवाला एक विशाल संगठन भी श्रीराम ने निर्माण किया था। दैवी संपत्ति पर आधारित भारतीय संस्कृति का पाया मानकर उस संस्कृति के रक्षार्थ एवं विकासार्थ राष्ट्रीय भावनाधिष्ठित संगठन का उन्होंने निर्माण किया और उसके बल पर किया त्रिभुवन विजयी मदोन्मत्त रावण का संहार। मानव की रचना पशुत्व और देवत्व के सम्मिश्रण से की गई है। पशुत्व के अंश को क्रमशः कम करते हुए देवत्व की ओर प्रगति करना ही मानव संस्कृति का ध्येय है, परंतु परशुराम को यह धीमी चालवाला ध्येय पसंद न था। इसीलिए कई बार प्रयत्न करते

हुए तथा क्षत्रिय संहार के रूप में समाज को दुर्बल बनाने के पाप को सिर पर लेने के बाद भी उन्हें सफलता का दर्शन न हो सका और अंत में निराश–विवश होकर उन्हें वह मार्ग ही छोड़ देना पड़ा। परशुराम के इस कार्य की कमी को श्रीराम ने बड़े ही सुंदर ढंग से पूर्ण किया, मानो परशुराम के अपूर्ण कार्य को ही उन्होंने पूर्णतः प्रदान की। श्रेष्ठ तत्त्वों की साक्षात् मूर्तिस्वरूपिणी अपनी मातृभूमि की गरिमा और भक्तिमय, यह था उनके संगठन का आधार। व्यक्तिनिष्ठा एवं तत्त्वनिष्ठा का वह एक सुंदर समन्वय था। संपूर्ण समाज एक पुरूष है और मैं उसका अवयव हूँ। यह था उस संगठन के घटकों का जीवन सूत्र। उसमें छोटे–बड़े अथवा ऊँच–नीच का कोई भेदभाव न था। समाज के जीवन में स्वयं विलीन होना ही प्रत्येक की आकांक्षा थी और उसी में था प्रत्येक घर के जीवन का साफल्य। इस भूमिका को स्वयं श्रीराम ने आचरण में अवतरित कर दिखाया। समाज की इच्छा के सम्मुख अपनी उन्नत ग्रीवा नत करते हुए उन्होंने उज्ज्वल राष्ट्रनिष्ठा का अभूतपूर्व आदर्श प्रस्तुत किया। संगठन के लिए न्याय और चिरस्थायी आधार की योजना उन्होंने की। इसीलिए संगठनशास्त्र के एक–एक सर्वश्रेष्ठ आचार्य के नाते उनकी कीर्ति अजर–अमर हुई।

इस प्रकार अपने समाज के जीवन में व्यापक सिद्ध होने वाली तथा सहस्रों वर्षों तक बड़े–बड़े पुरूषों तक को उलझन में डाले रखनेवाली अनेक समस्याओं का अचूक हल श्रीराम ने अपनी कार्यकुशलता के बल पर खोज निकाला तथा भारत के राष्ट्र जीवन को पूर्णत्व प्रदान करके उसके लिए जगतगुरुत्व का मार्ग भी खोज दिया। इसीलिए भारतीयों के हृदय सम्राट् की पदवी उन्हें प्राप्त हुई और एक अनुपम आदर्श के रूप में वह आज तक अक्षुण्ण भी है।

२

भगवान श्रीकृष्ण

श्रीकृष्ण जन्म के समय देश में कुछ सीमा तक वही स्थिति पुनर्निर्माण हो चुकी थी, जैसी पहले श्री परशुराम के समय में थी। कंस, शिशुपाल– जरासंध आदि राजागण उच्छृंखल होकर आस–पास के छोटे–छोटे राजाओं को दबाते हुए दिखाई देते थे। प्रजा पालन की ओर उनका तनिक भी ध्यान नहीं था।

ऐसी परिस्थिति में श्रीकृष्ण का जन्म हुआ। अन्याय एवं अत्याचार के प्रतिकार का कंकण बाँधकर ही मानो उन्होंने अपने भूलोक के वास्तव्य का श्रीगणेश किया था। अपने सखाओं का संरक्षण करने के सैकड़ों प्रसंग, उनके संबंध, अघ नामक राक्षस का वध, पूतना का संहार, गोवर्धन पर्वत को उठाते हुए गोकुल की रक्षा, कालिया मर्दन से यमुना तट को निष्कंटक करना आदि कार्य उन्होंने बचपन में ही संपन्न किए थे। कंस के घोर अत्याचारों का ज्ञान भी उन्हें रहा ही होगा, किंतु कंस का वध होने तक उनका मार्ग स्पष्ट नहीं था। अपनी शक्ति के अनुसार उस समय तक वे अन्याय एवं अधर्म का प्रतिकार भर करते रहे, बाद में संदीपन ऋषि के आश्रम में अध्ययन करते समय तथा संपूर्ण राष्ट्र की सर्वसाधारण परिस्थिति का गंभीर विवेचन कर चुकने पर उनके विचार स्थिर हुए होंगे। परशुराम इतिहास से पाठ ग्रहण करते हुए उन्होंने स्वयं ही अपना मार्ग विचारपूर्वक निर्धारित किया होगा और यथाशक्ति सभी प्रकार के प्रयत्नों के द्वारा क्षत्रिय वर्ग में स्वकर्तव्य की भावना जाग्रत् करने का उन्होंने निश्चय किया होगा।

यदि राजागण अत्याचारी बनकर अपनी परंपरा का विध्वंस करना प्रारंभ कर देते हैं तो समाज सुरक्षित नहीं रह पाता। इस प्रकार का यह सर्वनाश श्रीकृष्ण खुली आँखों से नहीं देख सकते थे। फिर भी अत्याचारी राजाओं से निपटने का कार्य स्वीकार करने से पहले उन्हें यह आशा थी कि वे उन राजाओं की मनोवृत्ति में समुचित परिवर्तन कर सकेंगे। इसीलिए श्रीकृष्ण ने उनके कई अपराध सहन किए थे। किंतु जब उनकी यह आशा पूर्णतया व्यर्थ सिद्ध हो चुकी, तो फिर उन्होंने उन राजाओं का पतन करने में भी कोई आगा–पीछा नहीं सोचा।

भारतीय परंपरा का आग्रह है कि अत्याचारी चाहे स्वजन ही क्यों न हों, यदि वे एक विशिष्ट मर्यादा का अतिक्रमण करते हैं, तो उन्हें कतई क्षमा न किया जाए। इस परंपरा का अनुसरण करते हुए ही

श्रीकृष्ण ने कंस, शिशुपाल, जरासंध का वध किया। मदोन्मत्त राजाओं को भी सुविचार के अनुसार आचरण करने का अवसर प्रदान करने के उदात्त हेतु से प्रेरित होकर तथा राजाओं के पारस्परिक संघर्ष से निर्दोष प्रजा के होनेवाले कष्टों को टालने की भावना से उन्होंने अपनी मथुरा नगरी का त्याग करते हुए सुदूर द्वारिका में एक नए उपनिवेश की स्थापना की।

समूचा क्षत्रियवर्ग बुरा नहीं होता, इसलिए एक विशिष्ट सीमा तक क्षत्रियों को सुधारने का प्रयत्न किया जाना चाहिए। यही थी श्रीकृष्ण की नई नीति। युग धर्म के अनुसार निर्धारित इसी नीति का पालन करते हुए उन्होंने शिशुपाल के सौ अपराध क्षमा किए थे, किंतु इतने पर भी जब उसके सन्मार्ग पर आने का कोई भी लक्षण न दिखाई दिए। तब विवश होकर उन्होंने शिशुपाल का वध किया। कंस के भी पापों का घड़ा पूर्ण रूप से भर जाने के बाद ही वध किया गया था।

उस समय श्रीकृष्ण का नेतृत्व स्वीकार करने वाले कई महान् व्यक्तियों ने क्षत्रिय संहार तथा आत्मनाश की भारी राष्ट्रीय आपत्ति को टालने के उद्‌देश्य से अपमान और अन्याय सहन किए। उनकी सहनशीलता की मानो कोई सीमा न थी। समाज के नेताओं में गिने जाने वाले तत्कालीन लोगों में सहनशीलता की यही भावना समान रूप से परिलक्षित होती है। अन्याय का प्रतिकार करने की शक्ति उनमें नहीं थी। अतः समाज की क्षात्रवृत्ति का संरक्षण करने के निमित्त समाज के हित की दृष्टि से कुछ लोगों को कष्ट झेलने ही चाहिए। ऐसी उदात्त एवं त्यागपूर्ण भावना भी, उनके आचरण के मूल में थी।

स्वराष्ट्र के प्रेम व भक्ति अथवा हृदय की विशालता एवं सौजन्य के गुण काल प्रवाह में होनेवाले संस्कारों से ही बनते हैं। कोई भी व्यक्ति केवल अपनी इच्छानुसार कुछ भी विशेष नहीं कर सकता। व्यक्ति तो प्रवाह की एक बूंद के समान है। पिछली जलराशि उसे

आगे की ओर ढकेलती है और उसका आगे का मार्ग उसके पूर्ववर्ती प्रवाह द्वारा निर्धारित रहता है। समूचे समाज में जो संस्कार रूढ़ हैं, उनके सम्मुख व्यक्ति लाचार होता है। उसके अनुसार ही वह व्यवहार करता है। व्यक्ति की समाज में शरण है। इसी बात को कालगति, नियति अथवा दैव आदि शब्दों के कारण व्यक्त किया जाता है।

श्रीकृष्ण ने दुष्टों को सुधार का अवसर दिए जाने पर उन्हें समझाने–बुझाने का प्रयत्न करने तथा आत्मीयता की भावना से अपमान सहन करने पर भी इच्छित फल कुछ न निकला, क्योंकि मनुष्य तो संस्कारजन्य श्रद्धा के अनुसार ही आचरण करता है। एक बार अन्याय के मार्ग से भोग प्राप्ति का चस्का लग जाने पर फिर उसकी बुद्धि सन्मार्ग की ओर नहीं मुड़ पाती। ऐसी अवस्था में उस प्रकार के व्यक्तियों का संहार ही अनिवार्य हो जाता है। दुष्ट प्रवृत्तियों के नाश का एक ही उपाय है। वह यह कि उनकी जड़ें ही न जमने देना। अतः समाज के प्रत्येक व्यक्ति पर जन्म से ही राष्ट्रनिष्ठा के संस्कार डालने वाली योजना का निर्माण आवश्यक है। जीर्ण–शीर्ण भवन को गिराए बिना जिस प्रकार उस स्थान पर नवीन भवन का निर्माण नहीं किया जा सकता, उसी प्रकार विद्यमान दुष्टों का नाश किए बिना नवीन पीढ़ी के लोगों पर अभीष्ट संस्कारों का डाला जाना भी संभव नहीं हो सकता। इसीलिए आगे चलकर–उक्त समाज के नेताओं की यह धारणा दृढ़ हुई कि तत्कालीन दुष्टों का नाश शीघ्र–अतिशीघ्र होना चाहिए। इस दृष्टि में वे लोग स्पष्टतया प्रयत्नशील भी दिखाई देते हैं।

मानव शरीर से संबंधित यह सिद्धांत समाज–पुरूष के संबंध में भी उसी प्रकार लागू होता है। हम देखते हैं, उस समय समाज पुरूष के शरीर पर शल्य क्रिया की जाने की बात काल प्रवाह के द्वारा ही सुनिश्चित हो चुकी थी। फिर उसे आखिर टाल ही कौन सकता था? लेकिन दुष्ट बुद्धि वाले लोगों को समाज से उठाया जाना ही अभीष्ट

है। इसके बिना समाज का सुधार होना असंभव है। उत्थान के युग को आमंत्रित करने के निमित्त इतना बलिदान तो अत्यावश्यक ही है। भावी संहार दुःखजनक तो है, किंतु अपने कर्तव्य को पहचानते हुए तथा समाज के भावी कल्याण का ध्यान रखते हुए हम रणक्षेत्र में मृत्यु का सहर्ष आलिंगन करेंगे।

स्वकर्तव्य की पूर्ति ही परम धर्म है, किंतु इस व्रत का अहंकार व्यर्थ है कि मैं कुछ कर रहा हूँ। वास्तव में मैं केवल निमित्त मात्र हूँ। ऐसी अनासक्त वृत्ति के आचरण की शिक्षा श्रीकृष्ण ने उस समय गीता के द्वारा संसार को दी, जिस समय मोह के वशीभूत हो अर्जुन कर्त्तव्यच्युत होने जा रहा था। उस समय श्री कृष्ण ने उसे बतलाया अरे! संभ्रम को दूर हटा! तेरे सामने खड़े हुए इन योद्धाओं की मृत्यु सुनिश्चित है। उनकी मृत्यु के द्वारा ही समाज का कल्याण होनेवाला है। अतः कर्मफल की चिंता न करते हुए तू अपना काम यथा शीघ्र कर ले।

कुरूक्षेत्र में सुष्ट और दुष्ट, सभी भस्म हुए थे। सूखे के साथ गीले भी स्वाहा हुए। भीषण रक्तपात और शक्तिपात के कारण समाज का दुर्बल होना स्वाभाविक ही था और जो शौर्य संपन्न लोग किसी न किसी कारणवश युद्ध से अलिप्त रहे थे उन्हें युद्ध की समाप्ति के बाद सभी ओर छाई हुई उदासीनता और निर्जनता अखर रही थी। इसीलिए उन्होंने भारत के बाह्य देशों में जाकर बसने का उपक्रम प्रारंभ किया। इन क्षत्रियों के बाहर जाने तथा विशेषकर भारतीय युद्ध में हुए क्षत्रिय संहार के कारण यहाँ का समाज सर्वथा निष्प्राण और निस्तेज बन गया। यह स्थिति सुदीर्घ काल तक सुनिश्चित रही।

उस काल में संपूर्ण देश बिखरी हुई अवस्था में था। यत्र–तत्र छोटे–मोटे राजाजगण राज्य कर रहे थे। कहीं–कहीं जनतंत्रीय राज्य भी निर्माण हुए थे। सामाजिक वातावरण में व्यापक राष्ट्रीय भावना का चैतन्य लुप्तप्राय ही था। व्यक्तिवाद तथा संकुचित स्थानीय व सांप्रदायिक अभियान का जोर था। मृत्यु के उपरांत सद्गति प्राप्त

होने की भावना से की जानेवाली यज्ञादि विधियों का आडंबर सभी ओर जोर–शोर से फैल रहा था। जिसे देखिए, वही यज्ञ करता दिखाई देता था। मूल उद्‌देश्यों के विस्मरण एवं विपर्याय के कारण कालांतर से यज्ञ संस्था की किस प्रकार अवनति हुई होगी।

ऐसी विषम परिस्थिति में श्रीकृष्ण ने समाज के लिए, मानव जाति के लिए, कीर्ति का बलिदान तक देकर संरक्षण किया और युधिष्ठिर का अभिषेक कर पुनः राष्ट्रीय एकात्मता के अभियान में प्राणप्रण से जुट गये। संपूर्ण भारत में एकछत्र अखंड भारत का स्वरूप स्थापित किया, लेकिन जो आर्य राष्ट्र का नेतृत्व कर रहे थे, वे सब भ्रष्ट होकर राजसत्ता के दास बन गए और धर्ममूल्यों की रक्षा के बदले हाथों में शस्त्र लेने के बदले, राजसत्ता के प्रसाद के लिए शस्त्र की शोभा बढ़ाते हुए दिखाई देने लगे।

श्रीकृष्ण ने पुनः राष्ट्रीय एकात्मता एवं धर्म मूल्यों की खातिर पुनः सबका वध करना ही श्रेयस्कर समझा। अतः श्रीकृष्ण ने साध्य की पवित्रता का और अंतिम विजय पर लक्ष्य केंद्रित करने का मार्ग भावी भारत संतान को दिखाकर श्रीकृष्ण ने सत्ताधारी दुर्जनों, यहाँ तक कि अपने ही उच्छृंखल यदुवंशियों का दमन कर नवीन परंपरा का प्रादुर्भाव किया। सिंहासनों और राजसिंहासनों को धूल में मिला दिया और आसुरी राजमुकुटों को ठुकराकर धर्म नियंत्रित साम्राज्य की स्थापना की। उनके द्वारा निर्मित धर्म साम्राज्य की महत्ता इतनी थी कि वह अजर–अमर हुई। मानव जाति को शाश्वत कल्याण का मार्ग दिखानेवाले दृश्य के रूप में भगवान् श्रीकृष्ण का जो महत्त्व है वह शाश्वत है। धर्म साम्राज्य के संस्थापक श्रीकृष्ण का ऐतिहासिक महत्त्व है। दुर्भाग्यवश इस सूर्य के अवसान के पश्चात् जिन आडंबरों ने महाभारत युद्ध के बाद उग्र रूप लिया, उन्हीं आडम्बरों की सुलगती आग ने पुनः लपटों के रूप में अपना अस्तित्व बता दिया। संपूर्ण देश में फिर से वाह्य आडंबर आदि मनोरंजन के ही कार्यक्रमों के रूप में प्रबलता दिखाई देने लगी और कभी–कभी तो ये उत्सव

संगठन–विघटन के कारणीभूत होने लगे। चारों तरफ भाग्य–भरोसे, अकर्मण्यता, पाखंड, मिथ्याचार का बोलबाला हो गया और एक बार फिर भारत को अवनति के रसातल में जाने के लिए बाध्य होना पड़ा। सभी जन अपने मूल कर्त्तव्यों को भुलाकर स्वार्थ साधना में लिप्त हो गए और मानव जगत का भाग्य राष्ट्र की अवनति के साथ सदा के लिए सो गया।

३

सम्राट युधिष्ठिर

इनका जन्म धर्मराज के संयोग से कुंती के गर्भ द्वारा हुआ था। वयस्क होने पर इन्होंने कौरवों के साथ द्रोणाचार्य से धनुर्वेद सीखा। समय आने पर जब इनको युवराज–पद मिला तब इन्होंने अद्‌भुत

धैर्य, दृढ़ता, सहनशीलता, नम्रता, दयालुता और प्राणिमात्र पर कृपा आदि गुणों का परिचय देते हुए प्रजा का पालन उत्तम रीति से किया। इसके पश्चात् दुर्योधन आदि के षड्यंत्र से ये अपने भाइयों और माता समेत बारणावत भेज दिये गये। वहाँ पर ये जिस भवन में ठहराये गये थे। वह भड़क उठने वाली वस्तुओं से बनाया गया था, अतएव उससे निकल भागने को इन्होंने गुप्त रीति से सुरंग खुदवाई और भवन में पुरोचन के द्वारा आग लगवाकर उस सुरंग की राह से निकल भागे। फिर ये लोग व्यासजी की सलाह से एकचक्रा नगरी में जाकर रहने लगे। यह नगरी इटावा से 16 मील दक्षिण–पश्चिम में है। यहाँ रहते समय भीमसेन ने बक राक्षस को मारा था। यहाँ से दूसरे स्थान को जाते समय रास्ते में अंगारपूर्ण गन्धर्वराज के साथ अर्जुन की मुठभेड़ हुई थी। अन्त में युधिष्ठिर की कृपा से अंगारपूर्ण को छूटकारा मिला था।

उत्कोचक तीर्थ में पहुँचने पर पाण्डवों ने धौम्य मुनि को अपना पुरोहित बनाया। फिर ये लोग द्रुपद राजा की स्वयंवर–सभा में पहुँचे। वहाँ अर्जुन के लक्ष्यभेद करने पर द्रौपदी की प्राप्ति हुई। कुंती ने कहा कि भिक्षा बाँट लो। अंत में सब हाल मालूम होने पर कुंती बड़े असमंजस में पड़ी। तब युधिष्ठिर ने कहा कि माता के मुँह से जो बात निकल गई उसी को हम लोग मानेंगे। विवाह हो चुकने पर पाण्डव लोग हस्तिनापुर पहुँच गये। सदा धर्म के मार्ग पर चलने वाले धर्मराज युधिष्ठिर ने राजा शैव्य की पुत्री देविका को स्वयंवर में प्राप्त किया और उनसे विवाह किया था। पाण्डवों को खाण्डवप्रस्थ हिस्से में मिला। वहीं राजधानी बनाकर वे निवास करने लगे।

राजसूय यज्ञ

मय दानव बड़ा होशियार शिल्पकार था उसने अर्जुन के कहने से युधिष्ठिर के लिए राजधानी इन्द्रप्रस्थ में बड़ा सुन्दर सभा भवन बना दिया इसके कुछ समय पीछे युधिष्ठिर ने राजसूय यज्ञ करने का

विचार किया। श्रीकृष्ण ने उनके इस संकल्प का अनुमोदन किया। इधर तो इन्द्रप्रस्थ में धूमधाम से यज्ञ की तैयारी की जाने लगी और उधर चारों भाई नाना देशों में जा–जाकर राजाओं से कर वसूल करने लगे। उनके लौट आने पर यज्ञ किया गया। निमंत्रण पाकर प्रभूति कौरव भी यज्ञ में सम्मिलित हुए। ठीक समय पर ब्राह्मणों ने युधिष्ठिर को यज्ञ की दीक्षा दी। इस यज्ञ के उत्सव में उस समय के प्रायः सभी नरेश एकत्र हुए थे। यज्ञ में निमंत्रित होकर जाने वालों के ठहरने आदि के लिए अलग–अलग भवन बनाये गये थे। उन लोगों की खासी खातिर की गई और उन्हें यथायोग्य विदाई भी दी गई। यज्ञ के अन्त में भीष्म की सलाह से युधिष्ठिर ने श्रीकृष्ण को अर्घ्य दिया। इसके सिलसिले में चेदि–नरेश शिशुपाल से झगड़ा हो गया। उसे कृष्ण ने मार डाला। शुभ अवसर पर इसे अशुभ घटना कहना चाहिए। यज्ञ पूरा हो चुकने पर दुर्योधन आदि हस्तिनापुर लौट गये। वहाँ बेटों के मुँह से पाण्डवों के ऐश्वर्य का हाल सुनकर धृतराष्ट्र के मन मे कुढ़न हुई।

सत्यवादी तथा धर्मनिष्ठ

धर्मराज युधिष्ठिर पांडवों में सबसे बड़े थे। वे सत्यवादी, धर्ममूर्ति, सरल, विनयी, मदमान–मोहवर्जित, दम्भ–काम–क्रोधरहित, दयालू, गो–ब्राह्मण– प्रतिपालक, महान् विद्वान् ज्ञानी, धैर्यसम्पन्न, क्षमाशील, तपस्वी, प्रजावत्सल, मातृ–पितृ, गुरु–भक्त और श्रीकृष्ण के परम भक्त थे। धर्म की सत्य की सूक्ष्मतर भावना का यदि पांडवों में किसी के अन्दर पूरा विकास था तो वह धर्मराज युधिष्ठिर में ही था। सत्य और क्षमा तो इनके महजान सद्गुण में ही था। बड़े से बड़े विकट प्रसंगों में इन्होंने सत्य और अर्जुन सरीखे योद्धा भाई का इशारा पाते ही सारे कुरुकुल का नाश करने के लिए तैयार थे। भीम वाक्य प्रहार करते हुए भी बड़े भाई के संकोच से मन मसोस रहे थे, परन्तु धर्मराज धर्म के लिए चुपचाप सब सुन और सह रहे थे।

नित्यशत्रु दुर्योधन अपना ऐश्वर्य दिखलाकर दिल जलाने के लिये द्वैतवन में जाता है। अर्जुन का मित्र चित्रसेन गन्धर्व कौरवों की बुरी नीयत जानकर उन सबको जीतकर स्त्रियों सहित कैद कर लेता है। युद्ध से भागे हुए कौरवों के अमात्य, युधिष्ठिर की शरण आते हैं और दुर्योधन तथा कुरुकुलकामिनियों को छुड़ाने के लिए अनुरोध करते हैं। भीम प्रसन्न होकर कहते हैं – ''अच्छा हुआ, हमारे करने का काम दूसरों ने ही कर डाला।'' परन्तु धर्मराज दूसरी ही धुन में है, उन्हें भीम के वचन नहीं सुहाते, वे कहते हैं – ''भाई! यह समय कठोर वचन कहने का नहीं है। प्रथम तो ये लोग हमारी शरण आये हैं, भयभीत आश्रितों की रक्षा करना क्षत्रियों का कर्तव्य है, दूसरे अपनी जाति में आपस में चाहे कितना कलह हो जब कोई बाहर का दूसरा आकर सताये या अपमान करें, तब उसका हम सबको अवश्य प्रतिकार करना चाहिये। हमारे भाइयों और पवित्र गुरूकुल की स्त्रियों को गन्धर्व कैद करें और हम बैठे रहें, यह सर्वथा अनुचित है। आपस में विवाद होने पर वे सौ भाई और हम पांच भाई है। परन्तु दूसरों का सामना करने के लिए तो हमें मिलकर एक सौ पांच होना चाहिए।''युधिष्ठिर ने फिर कहा– ''भाइयों! पुरुष सिंहो! उठो! उठो! शरणागत की रक्षा और कुरु के उद्धार के लिये चारों भाई आ जाओ और शीघ्र कुलकामिनियों सहित दुर्योधन को छुड़ाकर लाओ।''

कैसी अजातशत्रुता, धर्मप्रियता और नीतिज्ञता है। धन्य, अजातशत्रु धर्मराज के वचन सुनकर अर्जुन प्रतिज्ञा करते हैं कि:– ''यदि दुर्योधन को उन लोगों ने शांति और प्रेम से नहीं छोड़ा तो अब गन्धर्वराज के तप्त रुधिर से पृथ्वी की प्यास बुझायी जायेगी।'' परस्पर लड़कर दूसरों की शक्ति बढ़ाने वाले भारतवासियो! इस चरित्र से शिक्षा ग्रहण करो। वन में द्रौपदी और भीम के लिये धर्मराज को वे तरह–तरह से उत्तेजित करते हैं और मुँह आयी सुनाते हैं; पर धर्मराज सत्य पर अटल हैं। वे कहते हैं – ''बारह वर्ष वन और एक साल के अज्ञातवास की मैंने जो शर्त स्वीकार की है, उसे मैं नहीं

तोड़ सकता। मेरी सत्य प्रतिज्ञा को सुनो, मैं धर्म को अमरता और जीवन से श्रेष्ठ मानता हूँ। सत्य के सामने राज्य, पुत्र, यश और धन आदि का कोई मूल्य नहीं हैं। एक बार युद्ध के समय द्रोणाचार्य के वध के लिये असत्य बोलने का काम पड़ा; पर धर्मराज शेष तक पूरा असत्य न रख सके, सत्य शब्द 'कुंजर' का उच्चारण हो ही गया। कैसी सत्यप्रियता है।

निष्काम धर्मात्मा

युधिष्ठिर महाराज निष्काम धर्मात्मा थे। एक बार उन्होंने अपने भाइयों और द्रौपदी से कहा– ''सुनो! मैं धर्म का पालन इसलिये नहीं करता कि मुझे उसका फल मिले, शास्त्रों की आज्ञा है, इसलिये वैसा आचरण करता हूँ। फल के लिये धर्माचरण करने वाले धार्मिक नहीं हैं, परन्तु धर्म और उसके फल का लेन–देन करने वाले व्यापारी हैं।'' वन में यक्षरूप धर्म के प्रश्नों का यथार्थ उत्तर देने पर जब धर्म युधिष्ठिर से कहने लगे कि –''तुम्हारे इन भाइयों में से तुम कहो किस एक को जीवित कर दूं''। तब युधिष्ठिर ने कहा – ''आप मेरे प्रिय भ्राता नकुल को जीवनदान दीजिए।'' यक्ष ने कहा – ''तुम्हें कौरवों से लड़ना है, भीम और अर्जुन अत्यन्त बलवान हैं; तुम उनमें से एक को न जिलाकर नकुल के लिये क्यों प्रार्थना करते हो?''

युधिष्ठिर ने कहा– ''मेरी दो माताएं थीं – कुंती और माद्री, कुंती का तो मैं एक पुत्र जीवित हूं, माद्री का भी एक रहना चाहिये। मुझे राज्य की लालसा नहीं है' युधिष्ठिर की समबुद्धि देखकर धर्म ने अपना असली स्वरूप प्रकट कर सभी भाइयों को जीवित कर दिया।

भगवान श्रीकृष्ण ने जब वन में उपदेश दिया, तब हाथ जोड़कर युधिष्ठिर बोले – ''केशव! निस्संदेह पांडवों की आप ही गति हैं। हम सब आपकी ही शरण हैं, हमारे जीवन के अवलम्बन आप ही हैं। कैसी अनन्यता है। द्रौपदी सहित पांचों पांडव हिमालय जाते

हैं। एक कुत्ता भी साथ है। द्रौपदी और चारों भाई गिर पड़े इन्द्र रथ लेकर आते हैं और कहते हैं – "महाराज! रथ पर सवार होकर सदेह स्वर्ग पधारिये। "धर्मराज कहते हैं – "यह कुत्ता मेरे साथ आ रहा है, इसको भी साथ ले चलने की आज्ञा दें।" देवराज इन्द्र ने कहा – "धर्मराज ये मोह कैसा! आप सिद्धि और अमरत्व को प्राप्त हो चुके हैं, कुत्ते को छोडिये।" धर्मराज ने कहा – "देवराज! ऐसा करना आर्यो का धर्म नहीं है, जिस ऐश्वर्य के लिए अपने भक्त का त्याग करना पड़ता हो, वह मुझे नहीं चाहिये। स्वर्ग चाहे भले न मिले, इस भक्त कुत्ते को मैं नहीं त्याग सकता।" इतने में कुत्ता अदृश्य हो गया, साक्षात् धर्म प्रकट होकर बोले – "राजन! मैंने तुम्हारे सत्य और कर्तव्य निष्ठा को देखने के लिये ही ऐसा किया था। तुम परीक्षा में उत्तीर्ण हुए।" इसके बाद धर्मराज साक्षात् धर्म और इन्द्र के साथ रथ में बैठकर स्वर्ग में जाते हैं। वहाँ अपने भाईयों और द्रोपदी को न देखकर अकेले स्वर्ग में रहना पसन्द नहीं करते। एक बार मिथ्या भाषण के कारण धर्मराज को मिथ्या नरक दिखलाया जाता है। उसमें वे सब भाइयों सहित द्रौपदी का कल्पित आर्तनाद सुनते हैं और वहीं नरक में दुखों में रहना चाहते हैं। कहते हैं– जहां मेरे भाई रहते हैं, मैं भी वहीं रहूंगा।" इतने में प्रकाश छा जाता है, भारत निर्मित नरक यन्त्रणा अदृश्य हो जाती है, समस्त देवता प्रकट होते हैं और महाराज युधिष्ठिर अपने भ्राताओं सहित भगवान श्रीकृष्ण का दर्शन करते हैं।

विराट का आश्रय

बारह वर्ष बीत जाने पर पाण्डवों को एक वर्ष छिपकर रहना था। इसके विषय में पाँचों भाइयों ने मिलकर सलाह की। उन लोगों ने निश्यय किया कि रूप बदलकर हम लोग मत्स्य राज विराट के यहाँ यह समय बिता देंगे। युधिष्ठिर ने कहा कि हम उक्त राजा के दरबार में अक्षक्रीड़ा–कुशल ब्राह्मण बनकर रहेंगे। बस पाण्डव लोग भेष बदल–बदलकर राजा विराट के यहाँ जाकर रहने लगे। इस रूप में वहाँ युधिष्ठिर ने अपना नाम कंक रख लिया था। इन लोगों

के वहाँ रहते समय एक दुर्घटना हो गई कि राजा का सेनापति कीचक वल्लभ भीमसेन के हाथों मारा गया। उसके मारे जाने की खबर पाकर त्रिगर्तराज सुशर्मा ने विराट का गोधन छीनने के लिए आक्रमण कर दिया। किन्तु उसे छद्म–छद्म वेषधारी पाण्डवों की सहायता से बलवान विराट के आगे हार माननी पड़ी। इस विषय से राजा विराट इतने प्रसन्न हुए कि उन्होंने कंक को ही राजगद्दी पर बिठाना चाहा। युधिष्ठिर ने राजा के इस प्रस्ताव को धन्यवाद पूर्वक अस्वीकार कर दिया, क्योंकि समय दूसरा था। इसी समय कौरवों ने दूसरी ओर से गोधन हरण करने की चढ़ाई की तो बृहन्नला बने हुए अर्जुन ने राजा के पुत्र उत्तर को सारथि बनाकर उस विपत्ति से मत्स्य राज्य की रक्षा की। इसी समय उत्तर को अर्जुन के बतलाने से मालूम हुआ कि उसके यहाँ पाण्डव लोग छिपे हुए हैं। जिस समय ये लोग युद्ध में विजयी होकर राजधानी में पहुँचे उस समय राजा विराट अपने मुसाहब कंक के साथ जुआ खेल रहे थे उसी दशा में अपने कुमार उत्तर की वीरता की प्रशंसा करते हुए उन्होंने कहा कि मेरे बेटे ने कौरवों को मार भगाया। इस पर कंक ने कहा कि भीष्म और द्रोण जैसे महारथियों को बृहन्नला के सिवा और कोई परास्त नहीं कर सकता। इस उत्तर से क्रुद्ध होकर विराट ने कंक के मुँह में पांसे मार दिये। इस चोट से युधिष्ठिर की नाक से रक्त निकलने लगा। पीछे विराट को उत्तर से मालूम हुआ कि वास्तव में वृहन्नला ने ही कौरवों के दाँत खट्टे किये हैं। इसमें अपने अपराध के लिए खिन्न होकर विराट ने कंक से क्षमा मांगी। अंत में पाण्डवों का प्रकृत परिचय पाने पर राजा विराट ने उन लोगों से अपनी भूल–चूक क्षमा करने के लिए प्रार्थना की उन्होंने पाण्डवों को उनका राज्य दिलाने के लिए अपनी शक्तिभर सहायता देने का वचन दिया।

कुरुक्षेत्र में युद्ध

युधिष्ठिर ने आरम्भ में बिना ही लड़ाई–झगड़े के अपना हिस्सा पाने की भी पूरी चेष्टा की, किंतु जब दुर्योधन ने इसका निर्णय युद्ध

की हार–जीत पर ही टाला तब लाचार होकर उनको युद्ध की तैयारी करनी पड़ी। कुरूक्षेत्र के मैदान में लड़ने के लिए तैयार कौरवों की अपार सेना और भीष्म आदि की बनाई हुई व्यूह–रचना को देखकर युधिष्ठिर घबरा गये। अर्जुन और श्रीकृष्ण के समझाने पर उनके हृदय से आतंक दूर हुआ। इसके पश्चात, युद्ध छिड़ने से पहले, युधिष्ठिर ने रथ से उतरकर, पैदल जाकर, भीष्म आदि गुरुजनों की वन्दना करके उनसे विजय के लिए आशीर्वाद प्राप्त किया। वहां पर चार ही ऐसे पुरुष थे जिनसे आशीर्वाद देकर स्पष्ट कह दिया कि यदि तुम हमारे पास न आते तो हमको बुरा लगता हम शाप दे देते। युधिष्ठिर की इस सूझ की प्रशंसा किये बिना नहीं रहा जाता। कहाँ तो मार–काट का मौका और कहाँ यह शिष्टाचार का पालन। अस्तु, इसके बाद युद्ध आरम्भ हुआ। युद्ध में युधिष्ठिर ने पर्याप्त परिश्रम किया। बहुत से सैनिकों और सेनापतियों का उन्होंने संहार किया। उन्होंने स्वयं भी बहुत सी चोटें झेलीं कर्ण की मार से बेतरह घायल होकर उन्हें शिविर में लौट जाना पड़ा।

भीष्म से सलाह

अंत में युधिष्ठिर ने देखा कि भीष्म तो पाण्डव–पक्ष को बिल्कुल चौपट किये देते हैं तब उन्होंने पितामह के पास पहुँचकर उनके वध का उपाय पूछा और तदनुसार कार्य करके अपने पक्ष की रक्षा की। इसके बाद उन्हें अभिमन्यु के वध का असह्य क्लेश सहना पड़ा भीष्म के पश्चात् जब द्रोणाचार्य पाण्डवों की सेना को गाजर–मूली की तरह काटने लगे। तब श्री कृष्ण ने इस संकट से बचने का उपाय सुझाया। भीमसेन ने अवंतिराज इन्द्रवर्मा के हाथी को मारा और अश्वत्थामा मारे जाने की खबर फैलाकर उछल–कूद मचा दी। इन्द्रवर्मा के हाथी का नाम भी अश्वत्थामा था और द्रोणाचार्यजी के पुत्र का भी यही नाम था। पहले तो द्रोणाचार्य ने अपने बेटे के मारे जाने की अफवाह पर विश्वास नहीं किया। यह देखकर श्रीकृष्ण ने

युधिष्ठिर से कहा कि यदि द्रोणाचार्य क्रुद्ध होकर आधे दिन तक मार–काट करते रहेंगे तो फिर पाण्डव कुल की समाप्ति ही समझिए अतएव ऐसा कीजिए जिसमें आचार्य हथियार रख दें। जब तक उनके हाथ में हथियार रहेगा तब तक उनको कोई पराजित नहीं कर सकता। यदि आप उनको अश्वत्थामा के मारे जाने का विश्वास करा दें तो वे हथियार रख देंगे। श्रीकृष्ण का यह प्रस्ताव युधिष्ठिर को पसन्द नहीं था। किंतु एक तो रक्षा का दूसरा उपाय नहीं था, दूसरे सब ओर से उन पर ऐसा करने लिए दबाव डाला जा रहा था। इसलिए विवश होकर उन्होंने द्रोणाचार्य के समीप जाकर जोर से कहा, ''अश्वत्थामा मारा गया'' और धीरे–से कह दिया, ''इस नाम का हाथी''। यह बात कहने से पहले तक सत्य–भाषण करने के व्रत से उनका रथ पृथ्वी से चार अंगुल ऊपर रहता था, किंतु इस अर्ध सत्य बात के कहते ही उनका रथ पृथ्वी पर चलने लगा–

महाभारत में युधिष्ठिर

राजसूय यज्ञ के बाद युधिष्ठिर ने सम्राट पद प्राप्त किया। उन्हें बधाई देने के लिए द्वैपायन व्यास आये। बात ही बात में उन्होंने कहा कि प्रत्येक उत्पात का प्रतिफल 13 वर्ष तक चलता है। अतः शिशुपाल बध के फलस्वरूप युधिष्ठिर को निमित्त बनाकर एक युद्ध होगा जिसमें क्षत्रियों का विनाश होगा। इस भविष्यवाणी को सुनकर युधिष्ठिर स्वयं मरने का निश्चय करने के लिए उद्यत हो उठे किंतु अर्जुन ने उन्हें समझा–बुझाकर शांत किया।

कौरवों से द्युतक्रीड़ा में हारने के बाद पांडव तथा द्रोपदी काम्यक वन में चले गये। दिव्यास्त्रों की प्राप्ति के लिए अर्जुन तपस्या करने इन्द्रकील पर्वत पर चले गये। शेष पांडव तथा द्रौपदी उनकी चिंता में रत थे। उन्हीं दिनों वृहदश्व मुनि ने युधिष्ठिर को भांति–भांति का उपदेश दिया। उन्होंने अश्वविद्या और युद्धक्रीड़ा का रहस्य भी चारों पांडवों को बता दिया।

कर्ण–वध के उपरान्त राजा शल्य ने कौरवों का सेनापतित्व ग्रहण किया। युद्ध में युधिष्ठिर ने चंद्रसेन तथा द्रुमसेन को मार महाभारत युद्ध की समाप्ति पर बचे हुए कौरवपक्षीय नर–नारी, जिसमें धृतराष्ट्र तथा गांधारी प्रमुख थे, तथा श्रीकृष्ण, सात्यकि और पांडवों सहित द्रौपदी, कुन्ती तथा पांचाल विधवाएं कुरुक्षेत्र पहुंचे वहां युधिष्ठिर ने मृत सैनिकों का (चाहे वे शत्रु वर्ग के हो अथवा मित्रवर्ग के) दाह –संस्कार एवं तर्पण किया। कर्ण को याद कर युधिष्ठिर बहुत विचलित हो उठे। माँ से बार–बार कहते रहे– "काश, कि तुमने हमें पहले बता दिया होता कि कर्ण हमारे भाई हैं।" अंत में हताश, निराश और दुखी होकर उन्होंने नारी जाति को शाप दिया कि वे भविष्य में कभी कोई गुह्य रहस्य नहीं छिपा पायेंगी। युधिष्ठिर को राज्य, धन, वैभव से वैराग्य हो गया। वे वानप्रस्थ आश्रम में प्रवेश करना चाहते थे किन्तु समस्त भाईयों तथा द्रौपदी ने उन्हें तरह–तरह से समझाकर क्षात्रधर्म का पालन करने के लिए उद्यत किया।

४

महाराजा परीक्षित

महाभारत के अनुसार परीक्षित अर्जुन के पौत्र, अभिमन्यु और उत्तरा के पुत्र तथा जनमेजय के पिता थे। जब ये गर्भ में थे तब उत्तरा के पुकारने पर विष्णु ने अश्वत्थामा के ब्रह्मास्त्र से उनकी रक्षा की थी। इसलिए इनका नाम 'विष्णुरात' पड़ा। भागवत (1, 12, 30) के

अनुसार गर्भकाल में अपने रक्षक विष्णु को ढूँढ़ने के कारण उन्हें 'परीक्षित, (परिअ ईक्ष) कहा गया किंतु महाभारत (आश्व., 70, 10) के अनुसार कुरुवंश के परिक्षीण होने पर जन्म होने से वे 'परिक्षित' कहलाए।

महाभारत में इनके विषय में लिखा है कि जिस समय ये अभिमन्यु की पत्नी उत्तरा के गर्भ में थे, द्रोणाचार्य के पुत्र अश्वत्थामा ने गर्भ में ही इनकी हत्या कर पांडुकुल का नाश करने के अभिप्राय से ऐषीक नाम के अस्त्र को उत्तरा के गर्भ में प्रेरित किया जिसका फल यह हुआ कि उत्तरा के गर्भ से परीक्षित का झुलसा हुआ मृत पिंड बाहर निकला। श्रीकृष्ण को पांडुकुल का नामशेष हो जाना मंजूर न था, इसलिये उन्होंने अपने योगबल से मृत भ्रूण को जीवित कर दिया। परिक्षीण या विनष्ट होने से बचाए जाने के कारण इस बालक का नाम परीक्षित रखा गया। परीक्षित ने कृपाचार्य से अस्त्रविद्या सीखी थी जो महाभारत युद्ध में कुरुदल के प्रसिद्ध महारथी थे।

युधिष्ठिर आदि पांडव संसार से भली भाँति उदासीन हो चुके थे और तपस्या के अभिलाषी थे। अतः वे शीघ्र ही परीक्षित को हस्तिनापुर के सिंहासन पर बिठा द्रौपदी समेत तपस्या करने चले गए। परीक्षित जब राजसिंहासन पर बैठे तो महाभारत युद्ध की समाप्ति हुए कुछ ही समय हुआ था, भगवान कृष्ण उस समय परम धाम सिधार चुके थे और युधिष्ठिर को राज्य किए 36 वर्ष हुए थे। राज्यप्राप्ति के अनंतर गंगातट पर उन्होंने तीन अश्वमेघ यज्ञ किए जिनमें अंतिम बार देवताओं ने प्रत्यक्ष आकर बलि ग्रहण किया था। इनके विषय में सबसे मुख्य बात यह है कि इन्हीं के राज्यकाल में द्वापर का अंत और कलियुग का आरंभ होना माना जाता है। इस संबंध में भागवत में यह कथा है–

एक दिन राजा परीक्षित ने सुना कि कलियुग उनके राज्य में घुस आया है और अधिकार जमाने का मौका ढूँढ़ रहा है। ये उसे अपने राज्य से निकाल बाहर करने के लिए ढूँढ़ने निकले। एक दिन इन्होंने

देखा कि एक गाय और एक बैल अनाथ और कातर भाव से खड़े हैं और एक शूद्र जिसकी वेष, भूषा और ठाट–बाट राजा के समान था, डंडे से उनको मार रहा है। बैल के केवल एक पैर था। पूछने पर परीक्षित को बैल, गाय और राजवेषधारी शूद्र तीनों ने अपना परिचय दिया। गाय पृथ्वी थी, बैल धर्म और शूद्र कलिराज। धर्मरूपी बैल के सत्य, तप और दयारूपी तीन पैर कलियुग ने मारकर तोड़ डाले थे, केवल एक पैर दान के सहारे वह भाग रहा था, उसको भी तोड़ डालने के लिये कलियुग बराबर उसका पीछा कर रहा था। यह वृत्तांत जानकर परीक्षित को कलियुग पर बड़ा क्रोध हुआ और वे उसको मार डालने को उद्यत हुए। पीछे उसके गिड़गिड़ाने पर उन्हें उस पर दया आ गई और उन्होंने उसके रहने के लिये स्थान बता दिए– जुआ, स्त्री, मद्य, हिंसा और सोना। इन पाँच स्थानों को छोड़कर अन्यत्र न रहने की कलि ने प्रतिज्ञा की। राजा ने पाँच स्थानों के साथ–साथ ये पाँच वस्तुएँ भी उसे दे डालीं–मिथ्या, मद, काम, हिंसा और बैर। इस घटना के कुछ समय बाद महाराज परीक्षित एक दिन आखेट करने निकले। कलियुग बराबर इस ताक में था कि किसी प्रकार परीक्षित का खटका मिटाकर अकंटक राज करें। राजा के मुकुट में सोना था ही, कलियुग उसमें घुस गया। राजा ने एक हिरन के पीछे घोड़ा डाला। बहुत दूर तक पीछा करने पर भी वह न मिला। थकावट के कारण उन्हें प्यास लग गई थी। एक वृद्ध मुनि (शमीक) मार्ग में मिले। राजा ने उनसे पूछा कि बताओ, हिरन किधर गया है। मुनि मौनी थे, इसलिये राजा की जिज्ञासा का कुछ उत्तर न दे सके। थके और प्यासे परीक्षित को मुनि के इस व्यवहार से बड़ा क्रोध हुआ। कलियुग सिर पर सवार था ही, परीक्षित ने निश्चय कर लिया कि मुनि ने घमंड के मारे हमारी बात का जवाब नहीं दिया है और इस अपराध का उन्हें कुछ दंड होना चाहिए। पास ही एक मरा हुआ साँप पड़ा था। राजा ने कमान की नोक से उसे उठाकर मुनि के गले में डाल दिया और अपनी राह ली। (महाभारत, आदि. 36, 17–21) मुनि के श्रृंगी नाम का एक महातेजस्वी पुत्र था।

वह किसी काम से बाहर गया था। लौटते समय रास्ते में उसने सुना कि कोई आदमी उसके पिता के गले में मृत सर्प की माला पहना गया है। कोपशील श्रृंगी ने पिता के इस अपमान की बात सुनते ही हाथ में जल लेकर शाप दिया कि जिस पापात्मा ने मेरे पिता के गले में मृत सर्प की माला पहनायी है, आज से सात दिन के भीतर तक्षक नाम का सर्प उसे डस ले। आश्रम में पहुँचकर श्रृंगी ने पिता से अपमान करनेवाले को उपर्युक्त उग्र शाप देने की बात कही। ऋषि को पुत्र के अविवेक पर दुःख हुआ और उन्होंने एक शिष्य द्वारा परीक्षित को शाप का समाचार कहला भेजा जिसमें वे सतर्क रहें। परीक्षित ने ऋषि के शाप को अटल समझकर अपने पुत्र जनमेजय को राजगद्‌दी पर बिठा दिया और सब प्रकार मरने के लिए तैयार होकर अनशन व्रत करते हुए श्रीशुकदेव जी से श्रीमद् भागवत की कथा सुनी। सातवें दिन तक्षक ने आकर उन्हें डस लिया और विष की भयंकर ज्वाला से उनका शरीर भस्म हो गया। कहते हैं, तक्षक ने एक वृक्ष पर दाँत मारा, वह तत्काल जलकर भस्म हो गया। कश्यप ने अपनी विद्या से फिर उसे हरा कर दिया। इस पर तक्षक ने बहुत सा धन देकर उन्हें लौटा दिया। देवी भागवत में लिखा है, शाप का समाचार पाकर परीक्षित ने तक्षक से अपनी रक्षा करने के लिए एक सात मंजिल ऊँचा मकान बनवाया और चारों ओर अच्छे सर्प–मंत्र ज्ञाता और मुहरा रखनेवालों को तैयार कर दिया। तक्षक को जब यह मालूम हुआ तब वह घबराया। अंत में परीक्षित तक पहुँचने को उसे एक उपाय सूझ पड़ा। उसने एक अपने सजातीय सर्प को तपस्वी का रूप देकर उसके हाथ में कुछ फल दे दिए और एक फल में एक अति छोटे कीड़े का रूप धरकर आप जा बैठा। तपस्वी मेरे लिए यह फल दे गया है, अतः इसके खाने से अवश्य उपकार होगा, यह सोचकर उन्होंने फल मंत्रियों में बाँट दिए, पर उसको अपने खाने के लिये काटा। उसमें से एक छोटा कीड़ा निकला जिसका रंग तामड़ा और आँखें काली थीं। परीक्षित ने मंत्रियों से कहा – सूर्य अस्त हो रहा है, अब तक्षक से मुझे कोई भय नहीं। परन्तु ब्राह्मण के शाप

की मान रक्षा करना चाहिए। इसलिये इस कीड़ा से डसने की विधि पूरी करा लेता हूँ। यह कहकर उन्होंने उस कीड़े को गले से लगा लिया। परीक्षित के गले से स्पर्श होते ही वह नन्हा सा कीड़ा भयंकर सर्प हो गया और उसके दंशन के साथ परीक्षित का शरीर भस्मसात् हो गया। इस समय परीक्षित की अवस्था 96 वर्ष की थी।

परीक्षित की मृत्यु के बाद, फिर कलियुग की रोक टोक करनेवाला कोई न रहा और वह उसी दिन से अकंटक भाव से शासन करने लगा। पिता की मृत्यु का बदला लेने के लिए जनमेजय ने सर्पसत्र किया जिसमें सारे संसार के सर्प मंत्रबल से खिंच आए और यज्ञ की अग्नि में उनकी आहुति हुई।

५

महाराजा जनमेजय

जनमेजय अर्जुन के पौत्र राजा परीक्षित के पुत्र थे। जनमेजय की पत्नी वपुष्टमा थी, जो काशीराज की पुत्री थी। बड़े होने पर जनमेजय ने पिता परीक्षित की मृत्यु का कारण सर्पदंश जाना तो उसने तक्षक से बदला लेने का उपाय सोचा। जनमेजय ने सर्पों के

संहार के लिए सर्पसत्र नामक महान् यज्ञ का आयोजन किया। नागों को इस यज्ञ में भस्म होने का शाप उनकी माँ कद्रू ने दिया था। नागगण अत्यंत त्रस्त थे। समुद्र मंथन में रस्सी के रूप में काम करने के उपरान्त वासुकी ने सुअवसर पाकर अपने त्रास की गाथा ब्रह्मा से कही। उन्होंने कहा कि ऋषि जरत्कारू का पुत्र धर्मात्मा आस्तीक सर्पों की रक्षा करेगा, दुरात्मा सर्पों का नाश उस यज्ञ में अवश्यंभावी है। अतः वासुकि ने एलायत्र नामक नाग की प्रेरणा से अपनी बहन जरत्कारू का विवाह ब्राह्मण जरत्कारू से कर दिया था। उसके पुत्र का नाम 'आस्तीक' रखा गया।

ब्राह्मण काल के अंत में उत्पन्न कुरु वंश के राजा जनमेजय को अनेक अश्वों का स्वामी बताया गया है। आसंदीवत्र उसकी राजधानी थी। पापमुक्त होने के लिए उसके पौत्रों ने अश्वमेध यज्ञ किया था। शौनक ऋषि इस यज्ञ के पुरोहित थे।

ऋषि का श्राप

राजा परीक्षित् एक शिकार खेलने जाकर एक ऋषि का अपराध कर बैठे। इसके फलस्वरूप उन्हें साँप से डसे जाकर मरने का शाप मिला। शाप का हाल सुनकर काश्यप नामक एक सर्प–विष–चिकित्सक ;ओझा) राजा से मिलने को चला। उसने सोचा कि राजा को साँप के डँसते ही, मैं मंत्र और औषधि के द्वारा चंगा करके मालामाल हो जाऊँगा। रास्ते में उससे तक्षक की भेंट हो गई। उसने ओझा के मंत्र की परीक्षा की और उसे ठीक पाया। तब उसने काश्यप से कहा कि राजा का विष उतारने के झगड़े में तुम क्यों पड़ते हो। तुम्हें सम्पदा चाहिए सो मैं यहीं दिये देता हूँ। तक्षक ने बहुत सी सम्पत्ति देकर काश्यप को लौटा दिया और जाकर राजा को डँस लिया।

जनमेजय को ऋषि के शाप से किसी प्रकार की कुढ़न न थी। उन्हें दुःख इस बात का था कि दुष्ट तक्षक ने काश्यप को रास्ते

से ही क्यों लौटा दिया। उसके इस अपराध से चिढ़कर जनमेजय ने सारी सर्पजाति को नष्ट कर देने के लिए सर्पयज्ञ अनुष्ठान ठान दिया। अब क्या था, लगातार सर्प आ–आकर हवन–कुण्ड में गिरने लगे। अपराधी तक्षक डर के मारे इन्द्र की शरण में पहुँचा। अंत में अपनी रक्षा न देख इन्द्र ने भी उसका साथ छोड़ दिया। इधर वासुकी ने जब अपने भानजे जरत्कारू मुनि के पुत्र आस्तीक से नाना के वंश की रक्षा करने का अनुरोध किया तब वे जनमेजय के यज्ञस्थल में जाकर यज्ञ की बेहद प्रशंसा करने लगे। इससे प्रसन्न होकर राजा ने उनको मुँहमाँगी वस्तु देने का वचन दिया। इस पर आस्तीक ने प्रार्थना की कि अब आप इस यज्ञ को यहीं समाप्त कर दें। ऐसा होने पर सर्पों की रक्षा हुई। राजा जनमेजय की रानी का नाम वपुष्टमा था। यह काशीराज सुवर्णवर्मा की राजकुमारी थी।

वास्तव में अपराधी तक्षक नाग था, उसी को दण्ड देना राजा जनमेजय का कर्तव्य था। किंतु क्रोध में आकर उन्होंने सारी सर्पजाति को नष्ट कर देने का बीड़ा उठाया जो अनुचित था। एक के अपराध के लिए बहुतों को दण्ड देना ठीक नहीं। जिसने अपराध किया था और जिस दण्ड देने के लिए इतनी तैयारियाँ की गई थीं वह तक्षक अंत में बेदाग बच गया। यह आश्चर्य की बात है।

सर्पयज्ञ

जनमेजय ने सर्पसत्र प्रारंभ किया। अनेक सर्प आह्वान करने पर अग्नि में गिरने प्रारंभ हो गये, तब भयभीत तक्षक ने इन्द्र की शरण ग्रहण की। वह इन्द्रपुरी में रहने लगा। वासुकि की प्रेरणा से आस्तीक परीक्षित के यज्ञस्थल भी पहुंचा तथा भांति–भांति से यजमान तथा ऋत्विजों की स्तुति करने लगा। उधर ऋत्विजों ने तक्षक का नाम लेकर आहुति डालनी प्रारंभ की। इन्द्र तक्षक को अपने उत्तरीय में छिपाकर वहाँ तक आये। यज्ञ का विराट रूप देखकर वे तक्षक को अकेला छोड़कर अपने महल में चले गये। विद्वान ब्राह्मण बालक

आस्तीक से प्रसन्न होकर जनमेजय ने उसे एक वरदान देने की इच्छा प्रकट की तो उसने यज्ञ की तुरंत समाप्ति का वर मांगा, अतः तक्षक बच गया क्योंकि उसने अभी अग्नि में प्रवेश नहीं किया था। नागों ने प्रसन्न होकर आस्तीक को वर दिया कि जो भी इस कथा का स्मरण करेगा– सर्प कभी भी उसका दंशन नहीं करेंगे।

ब्रह्म-हत्या का दोष

जनमेजय को अनजाने में ही ब्रह्म–हत्या का दोष लग गया था। उसका सभी ने तिरस्कार किया। वह राज्य छोड़कर वन में चला गया। वहाँ उसका साक्षात्कार इन्द्रोत मुनि से हुआ। उन्होंने भी उसे बहुत फटकारा। जनमेजय ने अत्यंत शांत रहते हुए विनीत भाव से उनसे पूछा कि अनजाने में किये उसके पाप का निराकरण क्या हो सकता है तथा उसने वंश सहित नष्ट हो जाने के लिए कहा है, उसका निराकरण कैसे होगा? इन्द्रोत मुनि ने शांत होकर उसे शांतिपूर्वक प्रायश्चित करने के लिए कहा। उसे ब्राह्मणों की सेवा तथा अश्वमेध यज्ञ का अनुष्ठान करने के लिए कहा। जनमेजय ने वैसा ही किया तथा निष्पाप, परम् उज्ज्वल हो गया।

सुयोग्य शासक

परीक्षित–पुत्र जनमेजय सुयोग्य शासक था। बड़े होने पर उसे उत्तंक मुनि से ज्ञात हुआ कि तक्षक ने किस प्रकार परीक्षित को मारा था जिस प्रकार पुरू ने अपनी भावी पत्नी को आधी आयु दी थी वैसे परीक्षित को भी बचाया जा सकता था। मन्त्रवेत्ता काश्यप सर्पदंशन का निराकरण कर सकते थे पर तक्षक ने राजा को बचाने जाते हुए मुनि को रोककर उनका परिचय पूछा। उनके जाने का निमित्त जानकर तक्षक ने अपना परिचय देकर उन्हें परीक्षा देने के लिए कहा। तक्षक ने न्यग्रोध (बड) के वृक्ष को डंस लिया। काश्यप ने जल छिड़ककर वृक्ष को पुनः हरा–भरा कर दिया। तक्षक ने काश्यप को

पर्याप्त धन दिया तथा जाने का अनुरोध किया। काश्यप ने योगबल से जाना कि राजा की आयु समाप्त हो चुकी है, अतः वे धन लेकर लौट गये। यह सब जानकर जनमेजय क्रुद्ध हो उठा तथा उत्तंक की प्रेरणा से उसने सर्पसत्र नामक यज्ञ किया जिससे समस्त सर्पों का नाश करने की योजना थी। तक्षक इन्द्र की शरण में गया। उत्तंक ने इन्द्र सहित तक्षक का आह्वान किया। जरत्कारू के धर्मात्मा पुत्र आस्तीक ने राजा का सत्कार ग्रहण कर मनवांक्षित फल मांगा, फलतः राजा को सर्पसत्र नामक यज्ञ को समाप्त करना पड़ा। राजा ने उसे तो संतुष्ट किया किंतु स्वयं अशांत चित्त हो गया। व्यास से उसने समस्त महाभारत सुनी तथा जाना कि आस्तीक ने सर्पों की रक्षा क्यों की।

६

सम्राट चंद्रगुप्त मौर्य

राज्य अवधि- 322 ई.पू. से 298 ई.पू.।

जीवन परिचय-चंद्रगुप्त मौर्य 322 ई.पू. से 298 ई.पू. तक भारत के सम्राट थे। उन्होंने मौर्य साम्राज्य की स्थापना की। चंद्रगुप्त पूरे भारत को एक साम्राज्य के रूप में रख पाने में सफल रहे। सम्राट चंद्रगुप्त के राज्यारोहण की तिथि 322 ई.पू. निर्धारित की जाती है। उन्होंने 24 वर्ष तक शासन किया। चंद्रगुप्त मौर्य प्राचीन भारत के

इतिहास में महत्वपूर्ण व्यक्ति हैं। चंद्रगुप्त ने अपने गुरू चाणक्य (जिन्हें कौटिल्य के नाम से भी जाना जाता है) के साथ मिलकर नया साम्राज्य बनाया एवं राज्य चक्र के सिद्धान्तों को लागू किया।

इनकी पत्नी का नाम दुर्धरा और हेलेना (सेल्यूकस की पुत्री) था। इनका जन्म 340 ई.पू. पाटलिपुत्र (अब बिहार में) हुआ था और मृत्यु 297 ई.पू. 42 वर्ष की उम्र में श्रवण बेलगोला, कर्नाटक में हुई।

चंद्रगुप्त बचपन में तीक्ष्ण बुद्धि के थे एवं समवयस्क बालकों के सम्राट बनकर उन पर शासन करते थे। ऐसे ही किसी अवसर पर चाणक्य की दृष्टि उन पर पड़ी, फलतः चंद्रगुप्त तक्षशिला गए, जहाँ उन्हें राजोचित शिक्षा दी गई। श्रवण बेलगोला से मिले शिलालेखों के अनुसार चंद्रगुप्त अपने अंतिम दिनों में जैन मुनि हो गए। चंद्रगुप्त अंतिम मुकुटधारी मुनि हुए, उनके बाद कोई और मुकुटधारी (शासक) दिगंबर मुनि नहीं हुआ। अतः चंद्रगुप्त का जैन धर्म में भी महत्वपूर्ण स्थान है। स्वामी भद्रबाहु के साथ वे श्रवण बेलगोला चले गए। उन्होंने उपवास द्वारा वहाँ शरीर त्याग दिया। श्रवण बेलगोला में जिस पहाड़ी पर वे रहते थे, उसका नाम 'चंद्रगिरि' है और वहीं उनका बनवाया हुआ 'चंद्रगुप्त बस्ति' नामक मंदिर भी है। इनके पुत्र का नाम बिंदुसार था, जो बाद में इनका उत्तराधिकारी बना।

राज्य विस्तार– चंद्रगुप्त का साम्राज्य अत्यंत विस्तृत था। इसमें लगभग संपूर्ण उत्तरी और पूर्वी भारत के साथ–साथ उत्तर में बलूचिस्तान, दक्षिण में मैसूर तथा दक्षिण–पश्चिम में सौराष्ट्र तक विस्तृत भू–प्रदेश सम्मिलित था। इनका साम्राज्य विस्तार उत्तर में हिंदूकुश तक दक्षिण में कर्नाटक तक, पूर्व में बंगाल तथा पश्चिम में सौराष्ट्र तक था। साम्राज्य का सबसे बड़ा अधिकारी सम्राट स्वयं था। शासन की सुविधा की दृष्टि से संपूर्ण साम्राज्य को विभिन्न प्रांतों में विभाजित कर दिया गया था। प्रांतों के शासक सम्राट के प्रति उत्तरदायी होते थे।

राज्यपालों की सहायता के लिए मंत्रिपरिषद् होती थी। केंद्रीय तथा प्रांतीय शासन के विभिन्न विभाग थे और सबके सब एक अध्यक्ष के निरीक्षण में कार्य करते थे। साम्राज्य के दूरस्थ प्रदेश सड़कों एवं राजमार्गों द्वारा एक–दूसरे से जुड़े हुए थे।

उस समय मगध भारत का सबसे शक्तिशाली राज्य था। नंद वंश के राजा घनानंद को परास्त कर मगध पर अधिकार होने के बाद चंद्रगुप्त सत्ता पर आसीन हो चुके थे। चंद्रगुप्त ने सिकंदर (अलेक्जेंडर) के सेनापति सेल्यूकस को 305 ई.पू. के आसपास हराया था, उसके बाद चंद्रगुप्त और सेल्यूकस के बीच एक संधि हुई, जिसके अनुसार सेल्यूकस ने कंधार, काबुल, हेरात और बलूचिस्तान के प्रदेश चंद्रगुप्त को दे दिए थे। सेल्यूकस ने मेगस्थनीज को चंदग्रुप्त के दरबार में राजदूत के रूप में भेजा था।

अशोक के शिलालेख कर्नाटक में चित्रलदुर्ग, येरामुड़ी तथा मस्की में पाए गए, उसके शिलालिखित धर्मोपदेश प्रथम तथा त्रयोदश में उनके पड़ोसी चोल, पांड्य तथा अन्य राज्यों के वर्णन मिलते हैं। चूँकि ऐसी कोई जानकारी नहीं मिलती कि अशोक तथा उसके पिता बिंदुसार ने दक्षिण में कोई युद्ध लड़ा हो, अतः ऐसा माना जाता है, उन पर चंद्रगुप्त ने ही विजय प्राप्त की थी।

योगदान एवं उपलब्धियाँ- ज्यादातर भारत को एक करने के बाद चंद्रगुप्त और उसके मुख्य सलाहकार चाणक्य ने आर्थिक और सामाजिक बदलाव किए। उन्होंने आर्थिक और राजनीतिक स्थिति में भी सुधार किए और चाणक्य के अर्थशास्त्र को ध्यान में रखते हुए राजनीतिक सुधार करने हेतु केंद्रीय प्रशासन की स्थापना की। चंद्रगुप्तकालीन भारत को प्रभावशाली एवं नौकरशाही की प्रणाली अपनाने वाले भारत के रूप में जाना जाता है, जिसमें सिविल सेवाओं पर ज्यादा–से–ज्यादा जोर दिया गया था। चंद्रगुप्त के साम्राज्य में एकता होने के वजह से उनकी आर्थिक स्थिति सबसे मजबूत मानी जाने लगी थी और विदेशों में व्यापार के साथ देश का आंतरिक एवं बाहरी विकास भी होने लगा था।

कला और शिल्पकला दोनों के ही विकास में मौर्य साम्राज्य का बहुत बड़ा योगदान रहा। चंद्रगुप्त के शासनकाल में धार्मिक गुरूओं को भी काफी महत्व दिया गया था। उनके साम्राज्य में बुद्ध और जैन समाज का तेजी से विकास हो रहा था। चंद्रगुप्त मौर्य के साम्राज्य की शासन व्यवस्था का ज्ञान प्रधान रूप से मेगस्थनीज के वर्णन के अवशिष्ट अंशों और कौटिल्य अर्थशास्त्र से होता है।

इसके अनुसार राजा शासन के विभिन्न अंगों का प्रधान था। शासन के कार्यों में वह अथक रूप से व्यस्त रहता था। राजा की सहायता के लिए मंत्रिपरिषद् की व्यवस्था थी। मंत्रिपरिषद् की मंत्रणा को गुप्त रखने पर विशेष ध्यान रखा जाता था। राजा के द्वारा अनेक प्रकार के जनहित कार्यों का निर्देश किया गया, जैसे बेरोजगारों के लिए काम की व्यवस्था करना, विधवाओं और अनाथों के पालन का प्रबंध करना, मजदूरी और मूल्य पर नियंत्रण रखना। सिंचाई व्यवस्था के लिए चंद्रगुप्त द्वारा विशेष प्रयत्न किए गए, जिसके अंतर्गत नहरों के द्वारा सिंचाई व्यवस्था की गई। चंद्रगुप्त की विशाल सेना में छह लाख से अधिक सैनिक थे।

उत्तराधिकारी– चंद्रगुप्त मौर्य ने भारत पर 322 ई.पू. से 298 ई. पू. तक 24 वर्ष तक शासन किया। उसके पश्चात् उनके पुत्र बिंदुसार ने 298 ई.पू. से 273 ई.पू. तक भारत पर शासन किया।

७

सम्राट अशोक

नाम-चक्रवर्ती सम्राट् अशोक।

राज्य अवधि- 278 ई.पू. से 232 ई.पू.।

जीवन-परिचय- सम्राट अशोक मौर्य राजवंश के महान् सम्राट् थे। सम्राट् अशोक का पूरा नाम देवानांप्रिय अशोक मौर्य (राजा प्रियदर्शी देवताओं का प्रिय) था। उनका जन्म 304 ई.पू. पाटलिपुत्र (पटना)

में हुआ था। उनके पिता का नाम बिंदुसार था एवं माता का नाम सुभद्रांगी (रानी धर्मा) था। उनकी पत्नियाँ– देवी, कारुवाकी, पद्मावती एवं तिष्यरक्षिता थीं।

सम्राट् अशोक की माँ रानी धर्मा क्षत्रिय कुल से नहीं थीं। अतः उनको कोई विशेष स्थान राजकुल में प्राप्त नहीं था। अशोक के कई (सौतेले) भाई–बहन थे। बचपन में उनमें कड़ी प्रतिस्पर्धा रहती थी। अशोक के बारे में कहा जाता है कि वे बचपन से ही सैन्य गतिविधियों में प्रवीण थे।

अशोक के सौतेले भाइयों ने जब बिंदुसार वृद्ध व रूग्ण थे और अशोक बौद्ध संन्यासियों के साथ उनके आश्रम में रह रहे थे, तब उनकी माता की हत्या कर दी, जब अशोक को यह खबर लगी तो उन्होंने महल में जाकर अपने सब सौतेले भाइयों को मार डाला और सम्राट बन गए। चक्रवर्ती सम्राट् अशोक विश्व के सभी महान् एवं शक्तिशाली राजाओं में हमेशा शीर्ष स्थान पर रहे। सम्राट अशोक को चक्रवर्ती सम्राट् अशोक कहा जाता है, जिसका अर्थ है– 'सम्राटों का सम्राट्' और यह स्थान भारत में केवल सम्राट् अशोक को ही मिला है। सम्राट् अशोक प्रेम, सहिष्णुता, सत्य, अहिंसा एवं शाकाहारी जीवन प्रणाली के सच्चे समर्थक थे, इसलिए उनका नाम इतिहास में महान् परोपकारी सम्राट् के रूप में भी दर्ज हो चुका था।

जीवन के उत्तरार्द्ध में सम्राट् अशोक भगवान बुद्ध की मानवतावादी शिक्षाओं से प्रभावित होकर बौद्ध हो गए और उन्हीं की स्मृति में उन्होंने कई स्तंभ बनवाए, जो आज भी नेपाल में भगवान् बुद्ध के जन्मस्थल लुंबिनी में माया मंदिर के पास, सारनाथ, बोध गया, कुशीनगर एवं श्रीलंका, थाईलैंड, चीन, इन देशों में अशोक स्तंभ के रूप में देखे जा सकते हैं। सम्राट् अशोक ने बौद्ध धर्म का प्रचार भारत के अलावा श्रीलंका, अफगानिस्तान, पश्चिम एशिया, मिस्र तथा यूनान में भी करवाया। सम्राट् अशोक अपने पूरे जीवनकाल मे एक भी युद्ध नहीं हारे।

सम्राट् अशोक ने 40 वर्षों तक शासन किया, जिसके पश्चात् उनकी मृत्यु हो गई। उनके पुत्र महेंद्र एवं पुत्री संघमित्रा ने भी बौद्ध धर्म के प्रचार में योगदान किया।

राज्य विस्तार– सम्राट् अशोक के समय मौर्य साम्राज्य उत्तर में हिंदूकुश की श्रेणियों से लेकर दक्षिण में गोदावरी नदी के दक्षिण तथा मैसूर तथा पूर्व बांग्लादेश के पश्चिम में अफगानिस्तान, ईरान तक पहुँच गया था। सम्राट् अशोक का साम्राज्य आज के संपूर्ण भारत, पाकिस्तान, अफगानिस्तान, नेपाल, बांग्लादेश, भूटान, म्याँमार के अधिकांश भू–भाग तक था, यह विशाल साम्राज्य उस समय से आज तक का सबसे बड़ा भारतीय साम्राज्य रहा है।

अशोक का ज्येष्ठ भाई सुशीम उस समय तक्षशिला का प्रांतपाल था, जहाँ भारतीय–यूनानी मूल के बहुत लोग रहते थे। इससे वह क्षेत्र विद्रोह के लिए उपयुक्त था। सुशीम के अकुशल प्रशासन के कारण भी उस क्षेत्र में विद्रोह पनप उठा। राजा बिंदुसार ने सुशीम के कहने पर राजकुमार अशोक को विद्रोह के दमन के लिए वहाँ भेजा। अशोक के आने की खबर सुनकर ही विद्रोहियों ने उपद्रव खत्म कर दिया और विद्रोह बिना किसी युद्ध के खत्म हो गया। हालाँकि यहाँ पर विद्रोह एक बार फिर अशोक के शासनकाल में हुआ था, पर इस बार भी उसे बलपूर्वक कुचल दिया गया। अशोक की इस प्रसिद्धि से उसके भाई सुशीम को सिंहासन न मिलने का खतरा बढ़ गया और सम्राट् बिंदुसार को कहकर अशोक को निर्वासन में डाल दिया। अशोक कलिंग चला गया। इस बीच उज्जैन में विद्रोह हो गया। अशोक को सम्राट् बिंदुसार ने निर्वासन से बुलाकर विद्रोह को दबाने के लिए भेज दिया, जहाँ अशोक ने विद्रोह को दबा दिया।

सत्ता सँभालते ही अशोक ने पूर्व तथा पश्चिम, दोनों दिशा में अपना साम्राज्य फैलाना शुरू कर दिया, उसने आधुनिक असम से ईरान की सीमा तक साम्राज्य केवल आठ वर्षों में विस्तृत कर लिया।

चक्रवर्ती सम्राट् अशोक ने अपने राज्याभिषेक के आठवें वर्ष (261 ई.पू.) में कलिंग पर आक्रमण किया था। कलिंग युद्ध में 1 लाख 50 हजार व्यक्ति बंदी बनाकर निर्वासित कर दिए गए; एक लाख लोगों की हत्या कर दी गई। सम्राट् अशोक ने भारी नरसंहार को अपनी आँखों से देखा। कलिंग युद्ध ने सम्राट् अशोक का हृदय परिवर्तित कर दिया और उन्होंने युद्ध क्रियाओं को सदा के लिए बंद कर देने की प्रतिज्ञा ली एवं बौद्ध धर्म स्वीकार कर लिया।

योगदान एवं उपलब्धियाँ– सम्राट् अशोक की गिनती भारत के सबसे शक्तिशाली एवं महान् सम्राटों में थी। सम्राट् अशोक को अपने साम्राज्य से बेहतर कुशल प्रशासक तथा बौद्ध धर्म के प्रचार के लिए भी जाना जाता है। सम्राट् अशोक ने संपूर्ण एशिया तथा अन्य आज के सभी महाद्वीपों में भी बौद्ध धर्म का प्रचार किया। सम्राट् अशोक के संदर्भ के स्तंभ एवं शिलालेख आज भी भारत के कई स्थानों पर दिखाई देते हैं। इसलिए सम्राट् अशोक की ऐतिहासिक जानकारी अन्य किसी भी सम्राट् या राजा से बहुत व्यापक रूप में मिल जाती है।

सम्राट् अशोक अपने पूरे जीवन में एक भी युद्ध नहीं हारे। सम्राट् अशोक के समय 20 से अधिक विश्वविद्यालयों को संरक्षण प्राप्त था, जिसमें तक्षशिला, नालंदा, विक्रमशिला, कंधार आदि विश्वविद्यालय प्रमुख थे। इन्हीं विश्वविद्यालयों में कई छात्र शिक्षा पाने विदेश से भारत आया करते थे।

सम्राट् अशोक द्वारा प्रवर्तित कुल 33 अभिलेख प्राप्त हुए हैं, जिन्हें अशोक ने स्तंभों, चट्टानों और गुफाओं की दीवारों में अपने शासनकाल 272 ई.पू. से 232 ई.पू. तक खुदवाए। ये आधुनिक बांग्लादेश, भारत, अफगानिस्तान, पाकिस्तान और नेपाल में जगह–जगह पर मिलते हैं और बौद्ध धर्म के अस्तित्व के सबसे प्राचीन प्रमाणों में से है। इनमें बौद्धधर्म की बारीकियों पर कम और मनुष्यों को आदर्श जीवन जीने की सीखें अधिक मिलती हैं।

उत्तराधिकारी– सम्राट् अशोक की मृत्यु के पश्चात् उनके उत्तराधिकारी सम्राट् दशरथ मौर्य थे, जिन्होंने 232 ई.पू. से 224 ई. पू. तक 8 वर्षों तक शासन किया। जो कि पूर्वी भाग का राजा था, क्योंकि अशोक की मृत्यु के बाद मौर्य साम्राज्य दो भागों में बँट गया था– पूर्वी एवं पश्चिमी भाग के सम्राट् कुणाल थे। 232 ई.पू. से 224 ई.पू. तक उन्होंने शासन किया।

अशोक की मृत्यु के पश्चात् अगले पाँच दशक तक उनके निर्बल उत्तराधिकारी शासन संचालित करते रहे।

८

महाराजा खारवेल

राज्य अवधि– प्रथम शताब्दी ई.पू.।

परिचय– सम्राट् अशोक ने भीषण युद्ध के बाद कलिंग राज्य को जीतकर अपने राज्य में मिला लिया, लेकिन लगता है, बाद में अशोक की मृत्यु के बाद पुनः कलिंग एक स्वतंत्र राज्य के रूप में उभरा और एक सशक्त हिंदू राज्य के रूप में अपनी आभा चारों तरफ फैलाई। संभवतः इसके पीछे कलिंग के चेदि राजवंश का संस्थापक

महामेघवाहन नामक व्यक्ति था। इसी वजह से इस वंश का नाम महामेघवाहन वंश भी पड़ गया। इस वंश का सर्वाधिक शक्तिशाली राजा खारवेल हुआ। खारवेल प्राचीन भारतीय इतिहास का सबसे प्रभावशाली व्यक्तित्ववाला सम्राट् है। इसके विषय में जानकारी का प्रमुख और एकमात्र स्रोत हाथीगुम्फा अभिलेख है। इसमें खारवेल के बचपन, शिक्षा, राज्याभिषेक तथा राजा होने के बाद से तेरह वर्षों तक शासनकाल की घटनाओं का क्रमबद्ध विवरण दिया हुआ है।

हाथीगुम्फा अभिलेख खारवेल की उत्पत्ति तथा वंश–परंपरा पर कोई प्रकाश नहीं डालता है, लेकिन इसी लेख से पता चलता है कि वह कलिंग का तीसरा शासक था। महामेघवाहन, जो इस वंश का संस्थापक है, खारवेल का पितामह था, लेकिन कुछ इतिहासकार इससे सहमत नहीं हैं और महामेघवाहन को खारवेल का पिता मानते हैं, साथ में खारवेल को इस राज्य का दूसरा शासक। हाथीगुम्फा अभिलेख से पता चलता है कि जन्म से लेकर 15 वर्ष की अवस्था तक उसे युवा राजकुमारों के अनुसार विविध प्रकार की क्रीड़ाओं तथा विद्याओं की शिक्षा–दीक्षा मिली।

उसे विधि, व्यवहार, गणना, मुद्रा, लेख और विभिन्न अन्य कलाओं की शिक्षा मिली थी तथा वह सभी विद्याओं में पारंगत हो गया। 15 वर्ष की अवस्था में वह युवराज बनाया गया तथा युवराज के रूप में नौ वर्षों तक प्रशासनिक कार्यों में भाग लिया। लगभग 24 वर्ष की आयु में उसका राज्याभिषेक किया गया तथा वह राजा बना। ललक हत्थिसिंह नामक राजा ने अपनी पुत्री का विवाह खारवेल से किया, जो उसकी प्रमुख महिषी बन गई।

राज्य विस्तार– राजा होने के तत्पश्चात् उसने दिग्विजय के निमित्त एक व्यापक योजना तैयार की। अपने शासनकाल के दूसरे वर्ष खारवेल ने शातकर्णी की शक्ति की उपेक्षा करते हुए एक विशाल सेना, जिसमें अश्व, गज, रथ एवं पैदल सैनिक सभी सम्मिलित थे,

पश्चिम की तरफ रवाना की। यह सेना कण्वेणा नदी तक आगे बढ़ी तथा इसने मुसिकनगर में आतंक फैला दिया। काशी जायसवाल कण्वेणा को आधुनिक कृष्णा नदी तथा मुसिकनगर को कृष्णा एवं मुसी के संगम पर स्थित मानते हैं। सिंहासन पर आरूढ़ होने के चौथे वर्ष खारवेल ने बरार के भोज को तथा पूर्वी खानदेश और अहमदनगर के रसिकों के विरूद्ध सैनिक अभियान छेड़ा। इस अभियान में खारवेल सफल हुआ। इन राज्यों को सेवा के लिए बाध्य किया गया। खारवेल द्वारा उन्हें पराजित किया जाना निश्चित रूप से महत्त्वपूर्ण उपलब्धि है।

अपने अभिषेक के आठवें वर्ष में खारवेल ने उत्तर भारत के सैनिक अभियान किया। उसकी सेना ने गोरयगिरि (बरार की पहाड़ियों) को पार करते हुए तथा मार्ग में दुर्गों को ध्वस्त करते हुए घेरा डाला। खारवेल की सेना के डर से यवनराज 'दिमिति' की सेना आतंकित हो गई और वह मथुरा भागा। नौवें वर्ष में उसने अपनी उत्तर भारत की विजय के उपलक्ष्य में प्राची नगर के दोनों किनारों पर 'महाविजय प्रासाद' बनवाए। उसने ब्राह्मणों को दानादि दिए तथा आगे की विजय के लिए सैनिक तैयारियाँ की।

ग्यारहवें वर्ष में खारवेल ने दक्षिण भारत की ओर ध्यान दिया। उसकी सेना ने पियुंड नगर (मद्रास के निकट) को ध्वस्त किया तथा आगे दक्षिण की ओर जाकर तमिल संघ का भेदन किया। ऐसा प्रतीत होता है कि उसका सामना करने के लिए सूदूर दक्षिण के तमिल राजाओं ने कोई संघ बना लिया, जिसे खारवेल ने नष्ट कर दिया। सुदूर दक्षिण में विजय प्राप्त करते हुए खारवेल पांड्य राज्य तक पहुँचा।

बारहवें वर्ष खारवेल ने दो सैन्य अभियान किए। एक उत्तर भारत तथा दूसरा दक्षिण भारत में। सर्वप्रथम उसने अपनी सेना को उत्तर भारत में मैदानों में भेजा तथा अश्वों एवं हाथियों को गंगा नदी में स्नान करवाया। मगध नरेश, जिसका नाम इतिहासकार 'बहसतिमित्र'

पड़ा है, पराजित हुआ तथा उसने खारवेल की अधीनता स्वीकार कर ली। इस अभियान से खारवेल को बहुत फायदा हुआ, राज्य विस्तार के साथ अपार धन–संपत्ति भी मिली, इस धन की सहायता से उसने भव्य मंदिर का निर्माण कराया।

खारवेल के राज्य की सीमा दक्षिण में पांड्य राज्य तक जा पहुँची। इतिहासकार लिखते हैं कि उसने जल तथा थल दोनों ही मार्गों से पांड्यों की राजधानी पर धावा बोला। यह अभियान पूर्णरूपेण सफल रहा। पांड्य नरेश ने उसकी अधीनता स्वीकार की तथा उसके लिए मुक्ता मणियों का उपहार दिया। यह खारवेल का अंतिम सैन्य अभियान था। उत्तर में मगध राज्य और दक्षिण में पांड्य राज्य को अपने साम्राज्य में मिलाकर खारवेल ने बृहत् साम्राज्य पर शासन किया।

राज्य संचालन– सम्राट् खारवेल ने उत्तर भारत में ग्रीक (यवन) आक्रमण को निष्फल किया व मथुरा को ग्रीक से मुक्त कराया था। कलिंगराज खारवेल को उसके हाथीगुम्फा लेख में 'व्यवहार बिसारद' कहा गया है। व्यवहार शब्द धर्म सूत्रों एवं स्मृतियों में अनेक अर्थों में प्रयुक्त हुआ है, परंतु अधिकांशतः इस शब्द का प्रयोग मुकदमा अथवा न्यायालय में गए हुए विवादों एवं न्यायिक प्रक्रिया के संदर्भ में ही हुआ। इससे यह बात स्पष्ट होती है कि खारवेल का राज्य संचालन न्याय पर आधारित था।

राष्ट्र-निर्माण में योगदान– खारवेल के जीवन के बारे में जो जानकारी मिलती है, उससे यह स्पष्ट है कि वह एक महान् राष्ट्र–निर्माता, विजेता, धर्म–सहिष्णु, लोकोपकारी शासक और महान् विजेता था। वह विद्वानों का आश्रयदाता होने के साथ–साथ स्वयं भी एक विद्वान् था। इस बात से इनकार नहीं किया जा सकता कि वह एक असाधारण सेनानायक था और उसके समय में कलिंग का राज्य अपने गौरव की पराकाष्ठा पर पहुँच गया। उनकी रानी के लेख में उसे चक्रवर्ती शासक कहा गया है। हाथीगुम्फा अभिलेख की

छठी पंक्ति में कहा गया है कि खारवेल ने तनसुलि से एक नहर का विस्तार अपनी राजधानी तक किया था। इस नहर का निर्माण उसके 300 वर्षों पूर्व मगध के नंद राजा ने करवाया था। हाथीगुम्फा के लेख से पता चलता है कि सभी देवताओं के मंदिर का जीर्णोद्धार करवाया था तथा वह अशोक के समान सभी संप्रदायों का समान रूप से आदर करता था। हाथीगुम्फा के लेख से पता चलता है कि उसने सभी देवताओं के मंदिरों का जीर्णोद्धार करवाया था। उसने सभी धर्मों का समान रूप से आदर किया, खासकर जैन और सनातन धर्म पर बहुत ध्यान दिया। खारवेल भारतीय संस्कृति का प्रतीक है। उसने उत्तर और दक्षिण संस्कृति को एक धागे में पिरोने की कोशिश की। उसने सनातन पद्धति का सम्मान किया और भारत की पुरातन संस्कृति को पुनर्जीवित किया।

अधिकार-परंपरा- खारवेल ने कुल 13 वर्षों तक शासन किया। उसकी तिथि के विषय में विवाद है। उसका अंत किन परिस्थितियों में हुआ, यह हमें ज्ञात नहीं है। वस्तुतः जितनी तेजी से उसका उत्थान हुआ, उतनी ही तेजी से पतन भी हो गया। उसकी मृत्यु के पश्चात् उसका शक्तिशाली साम्राज्य छिन्न–भिन्न हो गया।

६

सम्राट् पुष्यमित्र शुंग

राज्य अवधि- 187–151 ई.पू.

परिचय–पुष्यमित्र शुंग के विषय में जानकारी इसके 'अयोध्या अभिलेख' से प्राप्त होती है। इस अभिलेख से पता चलता है कि पुष्यमित्र शुंग ने दो अश्वमेध यज्ञ करवाए, जिन्हें कराने का श्रेय पतंजलि को है।

पुष्यमित्र शुंग मौर्य अंतिम मौर्य शासक वृहद्रथ के प्रधान सेनापति थे, मगध सम्राट् वृहद्रथ मौर्य की हत्या कर पुष्यमित्र मगध सम्राट् बने और शुंग राजवंश की स्थापना की। शुंग राजवंश के संस्थापक का जन्म ब्राह्मण शिक्षक परिवार में हुआ था। इनके गोत्र के संबंध में थोड़ा मतभेद है, पतंजलि के मुताबिक भारद्वाज गोत्र और कालिदास द्वारा रचित 'मालविकाग्निमित्रम्' के अनुसार कश्यप गोत्र कहा जाता है। बौद्ध ग्रंथों में पुष्यमित्र शुंग को बौद्धों का उत्पीड़क बताया गया है, परंतु यह पूर्णतः सत्य नहीं है, क्योंकि उसने साँची में दो स्तूपों का निर्माण करवाया तथा अशोककालीन साँची के महास्तूप की काष्ठ–वेदिका के स्थान पर पाषाण वेदिका निर्मित करवाई।

पुष्यमित्र जन्मना ब्राह्मण थे और वैदिक धर्म तथा भारतीय राष्ट्र का उनमें भारी अभिमान था। वे एक निष्ठावान शिवभक्त थे। वृहद्रथ मौर्य की सेना का प्रधान सेनापति का भार ग्रहण करते ही उसने मगध की सेना की संख्या बढ़ाने और शस्त्र सामर्थ्य बढ़ाने के लिए त्वरित उपाय प्रारंभ कर दिए। इस दैव संयोग के कारण स्वाभाविक रूप से ही वैदिक धर्मावलंबी राष्ट्रभक्त जनता की आँखें सेनापति पुष्यमित्र की ओर गईं। पुष्यमित्र ने जनता की आशाओं के अनुरूप नाम मात्र के सम्राट् वृहद्रथ मौर्य का अंत कर राष्ट्रगौरव को पुनः स्थापित करना आरंभ किया। यह घटना ई.पू. 184 के आस–पास के काल में घटी। वैदिक विधि के अनुसार सम्राट् पद पर अभिषिक्त होकर पाटिलिपुत्र में अशोक के सिंहासन पर पुष्यमित्र आरूढ़ हुआ। मौर्य राजवंश का नाश हो गया और सम्राट् पुष्यमित्र शुंग के वंश का राज्य प्रारंभ हुआ।

राज्य विस्तार– सर्वप्रथम राजधानी और आस–पास के प्रदेश का राज्य प्रबंध व्यवस्थित और प्रभावी बनाकर तथा एक अजेय चतुरंग रणोत्सुक भारतीय सेना का संगठन सम्राट् पुष्यमित्र ने अयोध्या की ओर कूच कर मिनांडर पर आक्रमण कर दिया। भारतीय शस्त्रशक्ति के सामने समरांगण में टिकना असंभव जानकर यवन सेनापति

मिनांडर प्रतिरोध करते हुए ससैन्य पीछे हटने लगा। सम्राट् पुष्यमित्र ने यवन सेना का अंत तक पीछा किया। लगातार एक के बाद दूसरे युद्ध में परास्त हो जाने तथा संपूर्ण यवन सेना का व्यूह टूट जाने के कारण हताश हुए मिनांडर को सम्राट् पुष्यमित्र ने सिंधु नदी के उस पार खदेड़ दिया। सिंधु नदी तक का समस्त भारत यवनों की राजनीतिक दासता से मुक्त किया।

पुष्यमित्र प्राचीन मौर्य के मध्यवर्गी भाग को सुरक्षित रख सकने में सफल रहा। पुष्यमित्र का साम्राज्य उत्तर में हिमालय से लेकर दक्षिण बरार तक तथा पश्चिम पंजाब से लेकर पूर्व में मगध तक फैला हुआ था। इस प्रकार पुष्यमित्र का साम्राज्य हिमालय से नर्मदा नदी तक और सिंधु से प्राच्य समुद्र तक विस्तृत था। अपनी सफलताओं के उपलक्ष्य में पुष्यमित्र शुंग ने अश्वमेध यज्ञ करने का निश्चय किया। यह उसके राज्य विस्तार आरैर अपार सफलता के साथ सनातन धर्म की स्थापना का उद्घोष था।

राज्य संचालन– प्राचीन भारतीय शासकों में पुष्यमित्र शुंग एक महत्वपूर्ण स्थान रखता है। उसने मौर्य साम्राज्य के बिखराव को रोकने का प्रयास किया। पाटलिपुत्र उसके राज्य की राजधानी थी और उसने अवंति राज्य में स्थित विदिशा नगर (पूर्वी मालवा, मध्य प्रदेश) में साम्राज्य की दूसरी राजधानी स्थापित की। विदिशा में अग्निमित्र को 'उपराजा' के रूप में नियुक्त किया गया। इस प्रकार साम्राज्य के विभिन्न भागों पर अपने प्रतिनिधियों को नियुक्त कर पुष्यमित्र ने केंद्रीय नियंत्रण स्थापित किया, वह स्वयं पाटलिपुत्र से शासन करता था। पुष्यमित्र की शासन व्यवस्था के विषय में हमें ज्ञान नहीं है, लगता है कि उसने मौर्य प्रशासन के स्वरूप को ही बनाए रखा। मनुस्मृति के आधार पर यह कहा जा सकता है कि साम्राज्य अपनी दैवी उत्पत्ति में विश्वास करता था। साम्राज्य के विभिन्न भागों में राजकुमार अथवा राजकुल से संबंधित व्यक्तियों को राज्यपाल नियुक्त करने की परंपरा चलती रही। वायुपुराण से पता चलता है

कि पुष्यमित्र ने अपने पुत्रों को साम्राज्य के विभिन्न क्षेत्रों में सहशासक नियुक्त कर रखा था। मालविकाग्निमित्रम् से पता चलता है कि उसका पुत्र अग्निमित्र विदिशा का उपराजा था। मालविकाग्निमित्रम् में अमात्य परिषद् तथा महाभाष्य में सभा का उल्लेख हुआ है। उस समय भी ग्राम, शासन की सबसे छोटी इकाई होती थी। ऐसा प्रतीत होता है कि इस समय तक आते–आते मौर्यकालीन केंद्रीय नियंत्रण में शिथिलता आ गई थी।

पुष्यमित्र की धार्मिक नीति के बारे में विवाद है। बौद्ध ग्रंथ में पुष्यमित्र का चित्रण बौद्ध धर्म के संहारक के रूप में किया गया है।

शुंगों के समय की साँची तथा भरहुत से प्राप्त कलाकृतियों के आधार पर पुष्यमित्र के बौद्धद्रोही होने का मत स्पष्टतः खंडित हो जाता है। पुष्यमित्र सनातनी हिंदू था और वह हिंदुत्व के विचारों को बढ़ाकर भारतीय परंपरा और संस्कृति की रक्षा कर रहा था।

राज्य के लिए योगदान– यवनों के समान पुराने विदेशी आक्रमणकारी शत्रु का मूलोच्छेदन कर भारतीय साम्राज्य को पुनरुज्जीवित करने वाले सम्राट् पुष्यमित्र को स्वाभाविक रूप से ही उसके पराक्रम के कारण वैदिक परंपरानुसार अश्वमेध करने का अधिकार प्राप्त हो गया था। अति अल्पसंख्यक बौद्ध जनता को छोड़ दिया जाए तो संपूर्ण भारतवर्ष में सम्राट् पुष्यमित्र के इस अश्वमेध यज्ञ के संकल्प का समाचार सुनते ही भारतीय राष्ट्राभियान की ओर विजयोत्साह की लहर सी दौड़ गई। जिस अशोक ने राजदंड के बल पर वैदिक धर्मावलंबियों के धार्मिक आचार स्वातंत्र्य का अपहरण किया था। उसी बौद्ध अशोक की राजधानी पाटिलिपुत्र में वैदिक धर्म निभाना पड़ा। अश्वमेध यज्ञ तो मानो वैदिक धर्मावलंबियों के धर्माचार स्वातंत्र्य पर अशोक द्वारा लगाए गए समस्त प्रतिबंधों को हटाने की सम्राट् पुष्यमित्र की राजकीय घोषणा के रूप में ही था।

सम्राट् पुष्यमित्र ने पश्चिमोत्तर भारत एवं मध्य भारत के विभिन्न नगरों में सहस्रों यवन समुदाय बसाए थे, उनका भारतीयकरण भी सम्राट् पुष्यमित्र ने किया।

गुरूकुल का संरक्षण करके भागवत धर्म में इन्हें उदारतापूर्वक दीक्षित किया गया। यही वह काल था, जब यूनानी और भारतीय शिल्प की मिली–जुली गांधार शैली का विकास हुआ, जो इस काल की पुरातात्त्विक संपदा के रूप में देश के संग्रहालयों की शोभा बढ़ा रही है। सम्राट् पुष्यमित्र शुंग की इस महान् राष्ट्रसेवा की झलक हमें एक ठोस प्रमाण के रूप में उपलब्ध है। मध्य भारत में देश–नगर में स्थित इस कालखंड का गरूड़ स्तंभ एक शासक के राजदूत हेलियोडोरस द्वारा निर्मित है। यह हेलियोडोरस विदिशा के महाराज भागभद्र के दरबार में रहा था और वैष्णव धर्म में दीक्षित होकर उसने अपना नाम वासुदेव धारण कर लिया था। यवनों के भारतीयकरण का प्रतीक बनकर यह घटना हमारे इतिहास में सदैव विद्यमान रहेगी। इस प्रकार भारत पर हुए प्रथम विदेशी आक्रमण (सिंकदर से लेकर डेमेट्रियस और मिनांडर तक) तथा यवनों के आक्रमण का समूल उच्चाटन करके इन विदेशियों को भारत के सांस्कृतिक और सामाजिक ताने–बाने में लपेटकर भारत की राष्ट्रीय जीवनधारा में विलीन कर लिया गया। भारत के इस गौरव पृष्ठ का नायक है– सम्राट् पुष्यमित्र शुंग।

उत्तराधिकार परंपरा– सम्राट् पुष्यमित्र ने अपने कर्तव्य और पराक्रम के बल पर अर्जित भारत की स्वतंत्रता (स्वाधीनता) और साम्राज्य का 36 वर्षों तक संरक्षण, संयोजन और संवर्धन करने के बाद ई.पू. 141वें वर्ष के आस–पास अपने पुत्र युवराज अग्निमित्र का राज्याभिषेक कर अपने शरीर का त्याग किया।

अग्निमित्र अपने पिता के शासनकाल में विदिशा का उपराजा था। इस वंश का चौथा राजा वसुमित्र था। इसी के नेतृत्व में शुंग सेना ने यवनों को पराजित किया था। इस वंश का नौवाँ शासक

भागवत और भागभद्र था। वह कुछ शक्तिशाली राजा था। पुराणों के अनुसार शुंगवंश का दसवाँ एवं अंतिम नरेश देवभूति था। उसने 10 वर्षों तक राज्य किया, उसके अमात्य वसुदेव ने उसकी हत्या कर दी, देवभूति की मृत्यु के साथ शुंग राजवंश की समाप्ति हुई।

१०

सम्राट् विक्रमादित्य

राज्य अवधि- 57 ई.पू. से 3 ईस्वी तक।

परिचय- सम्राट् विक्रमादित्य भारत के महान् शासकों में से एक हैं, जिन्होंने सनातन धर्म की रक्षा हेतु अपने जीवन को समर्पित कर

दिया। सम्राट् विक्रमादित्य का जन्म कलिकाल के 3000 वर्ष बीत जाने पर ई.पू. 101 में हुआ। चक्रवर्ती सम्राट् राजा गंधर्वसेन की एक रानी सरस्वती से भी एक पुत्र था, जिसका नाम भर्तृहरि था। भर्तृहरि विक्रमादित्य से बड़े थे। भर्तृहरि बचपन से ही स्वभाव से शांत और चिंतनशील थे। वहीं विक्रमादित्य अत्यंत ही चंचल व साहसी थे। दोनों भाइयों में एक–दूसरे के लिए अगाध प्रेम था।

पिता की मृत्यु के बाद दोनों पुत्रों का लालन–पालन माता सौम्यदर्शना के सान्निध्य में भगवान् कृष्ण की लीलाभूमि वृंदावन के अज्ञातवास में हुआ। यहाँ इनके संरक्षण एवं रहन–सहन का दायित्व इनके मामा (माता सौम्यदर्शना के भाई) व्याघ्रसेन ने उठाया, जो कि साबरमती नदी के तट पर सौराष्ट्र के शाही शासन के अधीन एक छोटे से क्षेत्र के सामंत थे। इस अज्ञातवास के दौरान महारानी सौम्यदर्शना ने स्वयं का नाम बदलकर सोमवती और दोनों पुत्रों का नाम क्रमशः शील और विषमशील रखा।

सम्राट् विक्रमादित्य अपने ज्ञान, वीरता, पराक्रम और सनातन धर्म एवं संस्कृति की रक्षा हेतु प्रसिद्ध हैं। वे मालवा पर्वतीय प्रदेश में स्थित भारत की प्राचीन नगरी उज्जयिनी के सिंहासन पर बैठे तथा 82 ई.पू. से 10 ई.पू. तक लगभग 60 वर्षों तक शासन किया।

अज्ञातवास समाप्त होने पर उपनयन संस्कार के बाद इनके मामा (व्याघ्रसेन) ने दोनों भाइयों को शिक्षा हेतु गोणार्द के गुरूकुल में भेज दिया। गोणार्द नगरी वर्तमान बुंदेलखण्ड क्षेत्र में स्थित थी। यहीं वेत्रवती के सघनवन में कुलपति माहेश्वर का गुरूकुल था। यहाँ धनुर्वेद के प्रकांड आचार्य पुलिंदक के मार्गदर्शन में दोनों भाइयों की शिक्षा आरंभ हुई।

शिक्षाकाल के दौरान ही विक्रमादित्य को अनेक विश्वासपात्र साथी मिले, जिन्होंने आगे चलकर राज्य विस्तार में विक्रमादित्य की मदद की। इनमें भृगुककच्छ के जौहरी ईशानगुप्त के पुत्र अमरगुप्त,

सौवीरगण के राजपुत्र प्रद्युम्न, वीरवर और कुनिंद गणराज्य के राजपुत्र भद्रबाहु प्रमुख हैं।

राज्य विस्तार– महाराज गंधर्वसेन के समय ही विदेशी शकों के आक्रमणों में अत्यधिक वृद्धि हो गई थी। इस समय शकों का विस्तार मथुरा से लेकर द्वारका तक और उत्तर में कश्मीर से लेकर सिंधु नदी के मुहाने तक समस्त भारत चार शक शाहियों और महाछत्रपों के अधीन था। धूर्त शक शासक धर्म की चादर ओढ़कर मांसाहार, मदिरा और मैथुन जैसी बुराइयों के अंधभक्त थे। उनके राक्षसी आचरण और दुराचारों से संपूर्ण जनसमुदाय में उनके खिलाफ घृणा थी।

इस वातावरण में विक्रमादित्य ने अपने सहयोगियों के साथ मिलकर व्यापक प्रयास करके युवाओं को संगठित एवं सैन्यबद्ध करने का बीड़ा उठाया। इस कार्य में इन्हें व्यापक जनसमर्थन एवं सहयोग मिला। संपर्क में आने वाले प्रत्येक युवा को ताँबे का एक छोटा त्रिशूल भेंट किया जाना था, जिस पर विषमशील अंकित होता था।

अपने सहयोगियों की सहायता से अथक परिश्रम करने के बाद विक्रमादित्य ने एक विशाल सैन्य संगठन का निर्माण किया एवं इसे कुशल सेनानायकों के मध्य पाँच श्रेणियों में विभाजित किया तथा प्रत्येक को एक नाम प्रदान किया।

कुनिंद राजकुमार भद्रबाहु के नेतृत्व में 'कुबेर', भृगुकच्छ के जौहरी ईशानगुप्त के पुत्र अमरगुप्त के नेतृत्व में 'भैरव', सौवीर राजपुत्र प्रद्युम्न के नेतृत्व में 'वीरभद्र' एवं अपने परममित्र वीरवर के नेतृत्व में 'माहेश्वरी' एवं 'विंध्याद्रि' नामक सैनिक टुकड़ियों का निर्माण किया। वीरवर ने आगे चलकर आंध्र के महाराजाधिराज शिवमुख (शिमुख) सातकर्णी के छोटे भाई अपीलक को भी अपने संगठन में शामिल कर लिया।

ई.पू. प्रथम शताब्दी के पाँचवे दशक के आरंभ में विक्रमादित्य ने उज्जयिनी के संग्राम में विदिशा, उज्जयिनी और माहिष्मती के शकों

को अलग–अलग घेरकर नष्ट कर दिया एवं राजबुल के पुत्र खरऔंस को मार डाला, जो 14 वर्षों से मालवा पर शासन कर रहा था।

इस पराजय से मथुरा के महाक्षत्रपों ने उज्जयिनी पर आक्रमण कर दिया, किंतु अमरगुप्त के नेत्त्व में भूमक की विराट् सेना को भी पराजित किया।

उज्जयिनी पर नियंत्रण प्राप्त करने के बाद उज्जयिनी में शीघ्रतापूर्वक विक्रम ने अपने अग्रज भर्तृहरि का राज्याभिषेक संपन्न कराकर स्वयं माहेश्वर सेना के साथ पश्चिमी पार्श्व से राजबुल पर आक्रमण कर दिया एवं राजबुल को बंदी बना लिया। इन तीन पराजयों का समाचार सुनकर तक्षशिला के शक शासक कुशूलक ने विक्रम से मैत्री करने का संदेश भेजा।

इस बीच आध्यात्मिक चिंतन की ओर अधिक झुकाव होने के कारण महाराजा भर्तृहरि ने संन्यास ग्रहण कर लिया। वे उज्जयिनी की ही गुफाओं में योग साधना में लीन हो गए तथा 'श्रृंगारशतक' एवं 'वैराग्यशतक' जैसे ग्रंथों की रचना की।

बंदी शक महाक्षत्रप वृद्ध राजबुल की पुत्री 'हन' से विवाह करने के साथ विक्रमसेन ने जनता की सेवा हेतु राजगद्दी ग्रहण की। आगे चलकर 'करूर' नामक स्थान पर सिंधु नदी के किनारे एक भयंकर युद्ध में शकों का समूल विनाश करने के बाद कश्मीर सहित समस्त उत्तरापथ विक्रम के अधीन हो गया। तदुपरांत खंडित भारत का पुनगर्ठन करके एक नए राज्य का निर्माण किया गया। इसमें अपरांत दक्षिणापथ, सौराष्ट्र, मध्यप्रदेश, अंग, वंग एवं पूर्वी प्रदेश सम्मिलित थे। शकों को खदेड़ते हुए पश्चिम एशिया स्थित उनके गढ़ अरब को भी विजित करने के बाद मक्का (मह्का) में महाकाल शिव का मंदिर बनवाया, जो वर्तमान समय में भी उनके राज्य के विस्तार का प्रतीक है। इस प्रदेश का नामकरण 'हरवर्ष' भी किया, जो आगे परिवर्तित होकर 'हरब' या 'अरब' हो गया।

सम्राट् विक्रमादित्य की अरब विजय का वर्णन एक अरबी कवि 'जरहाम किनतोई' की पुस्तक 'सायर–उल–ओकुल' में मिलता है। यह ग्रंथ वर्तमान में भी तुर्की के इस्तांबुल शहर की प्रसिद्ध लाइब्रेरी 'मकतब–ए–सुल्तानिया' में रखा है। इसमें राजा विक्रमादित्य के बारे में लिखा गया है, ''वे लोग भाग्यशाली हैं, जो उस समय जन्मे और राजा विक्रम के राज्य में जीवन व्यतीत किया। वह बहुत ही दयालु, उदार और कर्तव्यनिष्ठ शासक था। उसने अपने पवित्र धर्म को हमारे बीच फैलाया। उसे विद्वानों और ज्ञाताओं ने राजा विक्रमादित्य के निर्देश पर अपने धर्म की शिक्षा दी और हमें सत्य के सही मार्ग के बारे में बताकर एक परोपकार किया है।''

कल्हण की रचना 'राजतरंगिणी' से हमें उनके कश्मीर में राज्य स्थापना का पता चलता है। वहाँ राज्य सँभालने के लिए विक्रमादित्य ने मातृगुप्त (कालीदास) को भेजा था।

नेपाली राजवंशावली के अनुसार नेपाल के राजा अंशुवर्मन के समय राजा विक्रमादित्य के नेपाल आने का उल्लेख मिलता है।

इस प्रकार हमारे युग प्रवर्तक, महान् धर्मरक्षक और पराक्रमी सम्राट् विक्रमादित्य ने भारत की सीमाओं को ईरान, इराक और अरब तक विस्तारित किया। उनके महान् कार्यों की ख्याति पूरे विश्व में थी।

राज्य संचालन– सनातन धर्म की रक्षा और अपनी प्रजा का कल्याण राजा विक्रमादित्य की दो प्रमुख प्राथमिकताएँ थीं। राज्य विस्तार के लिए उन्होंने अश्वमेध यज्ञ एवं विदेशी आक्रमणकारियों से युद्ध किया।

सिंहासन ग्रहण करने के तुरंत बाद उन्होंने सेना को फिर से गठित किया। राजा विक्रमादित्य की सेना में तीन करोड़ पैदल सैनिक, 10 करोड़ अश्व, 26,600 हाथी और चार लाख नौकाएँ थीं। इस प्रकार तब उनकी सेना विश्व की सर्वाधिक शक्तिशाली सेना बन गई। विक्रमशक्ति एवं चंद्र उनके प्रमुख सेनापति थे।

महान् सेनानायक होने के साथ वे एक श्रेष्ठ और न्यायपूर्वक शासन के व्यवस्थापक थे। उन्होंने अपने राज्य की गतिविधियों की जानकारी प्राप्त करने के लिए विश्वस्त गुप्तचर व्यवस्था का निर्माण किया। जनता के कष्टों को जानने और राजकाज की पड़ताल हेतु राजा विक्रमादित्य भेष बदलकर स्वयं भी राज्य में भ्रमण करते थे।

धर्म का सम्मान और राजकाज का श्रेष्ठता के साथ संचालन करना, दोनों बातें उनके लिए समान महत्त्व रखती थीं। राजा विक्रमादित्य धर्म संबंधी नीतियों पर विचार करने के लिए पुरोहितों से वार्त्तालाप करते थे। त्रिविक्रम और वसुमित्र उनमें प्रमुख राजपुरोहित थे।

राज्य–व्यवस्था के कुशल संचालन हेतु राजदरबार में 'नौ रत्नों' की परंपरा का आरंभ करने का श्रेय राजा विक्रमादित्य को ही जाता है। ये न केवल राजनीति संबंधी कार्यों में राजा की मदद करते थे, बल्कि सनातन विद्या और संस्कृति के महान् संरक्षक भी थे। इनमें से प्रत्येक को अपने क्षेत्र में उपलब्धियाँ हासिल थीं। इनका परिचय निम्न प्रकार से है–

१. **धन्वंतरि**: वैद्य और औषधिविज्ञान (मेडिसिन व फार्मेसी) का आविष्कार किया।

२. **क्षपणक**: व्याकरणकार और कोषागार थे। उस काल में उन्होंने गणित विषय पर कार्य किया।

३. **अमरसिंह**: इन्हें शब्दकोष (डिक्शनरी) का जनक माना जाता है। इन्होंने शब्दकोष का निर्माण किया तथा शब्द एवं ध्वनि आदि पर कार्य किया।

४. **शंकु**: नीतिशास्त्र व रसाचार्य थे।

५. **वेतालभट्ट**: ये युद्ध कौशल में महारथी थे। हमेशा विक्रमादित्य के साथ ही रहे। इन्हें समवर्ती सुरक्षा के कारण द्वारपाल भी कहा जाता था।

६. **घटखर्पर**: ये साहित्य के महान् विद्वान् थे। उन्होंने साहित्य में अनेक शैलियों का विकास किया।

७. **कलिदास**: ये महान् कवि थे। परंपरागत काव्य की अवधारणा को तोड़कर इन्होंने नवीन काव्य का सृजन किया, जिसे आज भी श्रेष्ठ माना जाता है।

८. **वराहमिहिर**: ये महान् ज्योतिर्विद् थे। इन्होंने ही काल, गणना, हवाओं की दिशा, पशुधन की प्रवृत्ति, वृक्षों से भूजल का आकलन आदि विषयों की खोज की।

९. **वररूचि**:व्याकरण के विद्वान् व शास्त्रीय संगीत के जानकार थे।

राजा विक्रमादित्य ने साधुओं का एक दल बनाया, जो पुराण और ग्रंथों का पाठ किया करते थे। इन साधुओं में गोरखनाथ, भर्तृहरि, लोमहर्षन एवं सौनाका प्रमुख थे। इस प्रकार न्यायप्रिय राजा विक्रमादित्य ने अपने पराक्रम से लोगों की रक्षा की। सदा धर्म स्थापना के कार्य में लगे रहे।

राष्ट्र पुन निर्माण में योगदान– भारतीय शासन और सभ्यता के साथ राजतंत्रीय व्यवस्था में जो कुछ भी सर्वश्रेष्ठ है, विक्रमादित्य को उसका प्रतीक माना जाता है। यह उनकी वीरता एवं पराक्रम का ही प्रतिफल है कि उनका नाम 'विक्रमादित्य' एक उपाधि बन गया। आने वाले अनेक राजाओं ने इस उपाधि को धारण करके इसे अर्थ 'सूर्य की भाँति पराक्रमी' को सही साबित किया है। श्री हर्ष, शूद्रक, हल, चंद्रगुप्त द्वितीय, शिलादित्य, यशोवर्धन, हेमू जैसे अनेक राजाओं ने यह उपाधि धारण की।

इन्हें विदेशी आततायी शकों पर विजय प्राप्त करने के उपलक्ष्य में 'शकारि' की उपाधि से सम्मानित किया गया। अपने राज्यारोहण के समय एक नवीन भारतीय संवत् 'मालवसंवत्' का श्रीगणेश किया, जो 'विक्रम संवत्' के नाम से देश के कोने–कोने में प्रचलित हुआ।

सम्राट् के शक पुत्री 'हन' (हंसा) से विवाह करके शकों से भारतीय समाज में वैवाहिक संबंध स्थापित करने का मार्ग खोला। यह एक सांस्कृतिक विजय थी। प्राचीन समय में जब विदेशी की विनाशक गतिविधियों के फलस्वरूप सनातन धर्म समाप्ति पर था, रामायण और महाभारत जैसे धर्मग्रंथ खो गए थे, तब महाराजा विक्रमादित्य ने अपने संगठन कौशल एवं पराक्रम के बल पर सनातन धर्म का गौरव वापस दिलाया। विक्रमादित्य के शासन को भारतीय इतिहास में स्वर्णिम युग के रूप में याद किया जाएगा।

उत्तराधिकारी परंपरा- विक्रमादित्य के पिता राजा गंधर्वसेन महान् चक्रवर्ती सम्राट् थे। गंधर्वसेन कुशलता के आधार पर अपने बड़े पुत्र भर्तृहरि के स्थान पर विक्रमादित्य को राजा बनाना चाहते थे, किंतु पिता द्वारा युवराज बनाने का प्रस्ताव विक्रम ने इसलिए अस्वीकार कर दिया, क्योंकि इस पद के लिए वे अपने ज्येष्ठ भ्राता भर्तृहरि का अधिकार मानते थे। इस घटना से पता चलता है कि वे अपने कर्तव्य और न्याय के लिए सर्वस्व त्याग करने की क्षमता रखते थे।

अंत में भर्तृहरि ने संन्यास ग्रहण करने पर विक्रमादित्य ने राज्य और जनता के प्रति अपने दायित्व को निभाने के लिए राजगद्‌दी स्वीकार की। 19 ई.पू. विक्रमादित्य ने अपने पुत्र देवभक्त को राजसत्ता सौंप दी, जिन्होंने 29 ई. तक उत्तराधिकारी के रूप में शासन किया।

इस प्रकार हम पाते हैं कि मालव राज्य में आनुवंशिक आधार पर राजसत्ता के उत्तराधिकार की परंपरा थी।

११

महाराजा गौतमी पुत्र शातकर्णी (सातवाहन)

राज्य अवधि- 106 ई.पू. से 130 ई. तक।

परिचय– इतिहास उत्थान, पतन और नव सृजन का साक्षी होता है। ऐसा ही एक इतिहास भारत के दक्षिणी क्षेत्र में भी रचना गया। ई.पू. की तीसरी सदी के अंतिम चरण से प्रारंभ होकर चौथी सदी ई. तक सातवाहन वंश का उत्थान उसी श्रृंखला का एक भाग था। यद्यपि इसके शासनकाल की अवधि को लेकर इतिहासकारों में मतभेद है, लेकिन 70 ई. से 95 ई. तक की तिथि सर्वाधिक मान्य है।

सातवाहन वंश के प्रथम शासक सिमुक या श्रीमुख ने कण्व वंश के अंतिम और अयोग्य शासक सुशर्मा को पदच्युत कर अपने सातवाहन वंश की स्थापना की। इस वंश में कुल 27 शासक हुए। ये सभी राजा हिंदू धर्म के अनुयायी थे, यद्यपि इन्होंने बौद्ध और जैन धर्म को भी प्रोत्साहित किया।

प्राचीन भारतीय इतिहास में यह वंश 'आंध्र वंश' के नाम से प्रसिद्ध हुआ। प्रारंभ में इनका राज्य गोदावरी नदी के क्षेत्र तक विस्तृत था, चूँकि उस पूरे क्षेत्र को आंध्र कहा जाता था, इसी कारण इनके वंश को भी आंध्र वंश कहा जाने लगा।

समय के साथ सातवाहन वंश के शासक अपनी स्वतंत्रता और राज्य दोनों पर नियंत्रण नहीं रख पाए, जिस कारण से राजवंश निरंतर दुर्बल होने लगा, परंतु यह स्थिति अधिक समय तक नहीं रही। राजा शिव स्वाति और रानी गौतमी के पुत्र शतकर्णी के नेतृत्व में सातवाहनों ने पुनः अपनी खोई हुई प्रतिष्ठा प्राप्त की। गौतमी पुत्र सातवाहन वंश का 23वाँ और सबसे प्रतापी शासक था। इसका राज्यकाल 70 ई. से 95 ई. तक था। इसने स्वयं को कृष्ण, बलराम और संकर्षण का रूप स्वीकार किया। गौतमी पुत्र ने स्वयं 'वेदों का आश्रय' की उपाधि भी स्वीकार की।

सिमुक या श्रीमुख ने मौय वंश के पराभव के बाद दक्षिण भारत के क्षेत्र में गोदावरी नदी के किनारे स्थित प्रतिष्ठान को अपनी राजधानी के रूप में स्थापित कर सातवाहन वंश की स्थापना की।

भारतीय इतिहास में सर्वाधिक समय तक चलने वाली सातवाहन शासकों की राज्य प्रणाली में न केवल दक्षिणापथ के अधिकांश क्षेत्र आते थे, अपितु उन्होंने उत्तरापथ पर भी आक्रमण कर कुछ समय के लिए मगध को भी अपने अधीन कर लिया।

गौतमी पुत्र शतकर्णी का राज्य पश्चिमोत्तर में राजस्थान और गुजरात से लेकर दक्षिण–पूर्व में आंध्र प्रदेश और उड़ीसा तक विस्तृत था। गौतमी पुत्र ने निरंतर युद्ध करके अपनी राज्य–सीमा में विस्तार किया। विजित प्रदेश निम्नांकित हैं–

1. ऋषि (कृष्णा नदी का तटीय क्षेत्र)
2. अस्मक (गोदावरी नदी का तटीय क्षेत्र)
3. मूलक
4. सुराष्ट्र (दक्षिण काठियावाड़)
5. अपरांत (उत्तरी कोंकण)
6. अनूप (नर्मदा का क्षेत्र)
7. अवंति (पश्चिम मालवा)

गौतमी पुत्र जितना उच्चकोटि का विजेता था, उससे कहीं बढ़कर महान् शासक था। अपने शासनकाल में उसने शीशे के सिक्के के साथ ही चाँदी और सोने के सिक्के चलाए।

भारतीय साहित्य में पुराणों में गौतमीपुत्र के विषय में पर्याप्त जानकारी प्राप्त होती है। विदेशी इतिहासकार प्लिनी, टालेमी और पेरिप्लस ऑफ एरिथ्रिपन सी के लेखकों ने भी उसके शासनकाल के व्यापार, मुद्रा प्रणाली, सैन्य व्यवस्था, बंदरगाह, दंड विधान आदि का वर्णन किया है। परंतु उसके शासन की प्रामाणिक सूचना हमें उसके लिखवाए गए शिलालेखों से प्राप्त होती है। इनमें नागनिका का नानाधात, गौतमी पुत्र का नासिक से प्राप्त गुहा लेख और गौतमी बलश्री के नासिक अभिलेख से मिलती है।

योगदान– भारत को एकता के सूत्र में पिरोने का जो कार्य मौर्य वंश ने किया था, कालांतर में एकता के सूत्र में पिरोने का वही काम सातवाहन वंश ने किया। गौतमीपुत्र शतकर्णी के शासन को वेदों के पुनरूत्थान का काल माना जाता है। इन्होंने वेणकतक की उपाधि धारण की तथा एक नए नगर वेणकतक की स्थापना की।

इन्होंने शक शासक नहपान को पराजित कर उसके चाँदी के सिक्कों पर अपना नाम अंकित करवाया। इसके साथ ही इन्होंने यवनों, पहलवों तथा क्षहरात वंश के आक्रमणकारियों का विनाश कर अपने साम्राज्य, संस्कृति तथा प्रजा की रक्षा की। इनके शासनकाल में भूमिदान की परंपरा का विकास हुआ। इसके अतिरिक्त शीशे के सिक्कों का चलन भी इनके राज्य की अर्थव्यवस्था के संचालन का एक महत्वपूर्ण आधार था।

उत्तराधिकारी– गौतमीपुत्र शतकर्णी की मृत्यु के बाद उसका पुत्र वसिष्ठीपुत्र पुलुवामी, जिसे पुराणों में पुलोमा अथवा पुलोवासी कहा गया, राजा बना। वह एक प्रतापी राजा था, लेकिन इसके बाद सातवाहनों की शक्ति पुनः निर्बल पड़ गई। सातवाहन वंश के अंतिम योग्य राजा प्रज्ञश्री की मृत्यु के साथ ही राज्य का विघटन होने लगा और आभीर, इक्ष्वाकु आदि राज्यों ने स्वतंत्रता की घोषणा कर दी।

१२

सम्राट् समुद्रगुप्त

नाम- समुद्रगुप्त।

राज्य अवधि- 335 ई.से 375 ई. तक।

जीवन परिचय- 'भारत का नेपोलियन' कहा जानेवाला राजा समुद्रगुप्त असाधारण योद्धा, समर-विजेता एवं अजातशत्रु था। वह युद्धक्षेत्र में स्वयं वीरता और साहस के साथ अपने शत्रुओं से मुकाबला करता

था। उसने भारत को एकता के सूत्र में बाँधने का महान् कार्य किया था। छोटे राज्यों के पारस्परिक वैमनस्य को रोकते हुए अखिल भारतीय हिंदू साम्राज्य की स्थापना का श्रेय समुद्रगुप्त को जाता है।

समुद्रगुप्त चंद्रगुप्त प्रथम का पुत्र और उत्तराधिकारी था। उसकी माता लिच्छवी राजकुमारी कुमार देवी थी। उने अन्य भाई–बहन भी थे। ये बाल्यकाल से बड़े ही विलक्षण प्रतिभाशाली थे, जिसके कारण अपने सभी भाइयों में योग्य, वीर एवं साहसी थे। इसके कारण उसके पिता ने उसे अपना उत्तराधिकारी बनाया। चूँकि चंद्रगुप्त प्रथम ने अपने जीवनकाल में ही समुद्रगुप्त को अपना उत्तराधिकारी घोषित कर दिया था, जिससे प्रजाजनों को विशेष हर्ष हुआ, किंतु इससे उसके अन्य भाई रुष्ट हो गए थे और उन्होंने आरंभ में ही युद्ध छेड़ दिया। गृह क्लेश को शांत करने में समुद्रगुप्त को एक वर्ष का समय लगा। इसके पश्चात् उसने दिग्विजय यात्रा की। इसका वर्णन प्रयाग में अशोक मौर्य के स्तंभ पर विशद रूप में खुदा हुआ है।

राज्य विस्तार– समुद्रगुप्त का साम्राज्य पूर्व में ब्रह्मपुत्र, दक्षिण में नर्मदा तथा उत्तर में कश्मीर तक फैला हुआ था। इनका शासनकाल 335 ई. से 380 ई. तक माना जाता है। उन्होंने नेपाल, असम, बंगाल के सीमावर्ती प्रदेश, पंजाब को अपने आधिपत्य में ले लिया था। आटविक अर्थात् जंगली राज्यों में उसने उत्तर में गाजीपुर से लेकर जबलपुर और विंध्याचल क्षेत्र को अपने वश में कर लिया। दक्षिण भारत के 12 शासकों को हराकर छोड़ दिया। हरिवेन ने अपनी 'प्रयाग प्रशस्ति' में पल्लवों पर भी उसके विजय अभियान का उल्लेख किया है। हरिवेन ने अपनी 'प्रयाग प्रशस्ति' में पल्लवों पर भी उसके विजय अभियान का उल्लेख किया है। 'प्रयाग प्रशस्ति' अभिलेख में दरबरी कवि हरिषेण ने उसे 'अजातशत्रु' कहकर संबोधित किया। इनकी बहादुरी एव युद्ध कौशल के कारण उन्हें 'भारत का नेपोलियन' कहा जाता है।

प्रयाग प्रशस्ति के आधार पर समुद्रगुप्त ने अपने साम्राज्य का व्यापक विस्तार किया। वह क्रांति और विजय में आनंद पाता था। उसने अपनी दिग्विजय यात्रा का प्रारंभ उत्तर भारत के राजाओं पर विजय प्राप्त कर के किया। विदेशी राज्यों अफगानिस्तान में राज करनेवाले शकों, कुषाणों को भी अपनी प्रभुसत्ता स्वीकार करवाई।

समुद्रगुप्त ने छोटे–छोटे राज्यों को मिलाकर गणतांत्रिक विशाल साम्राज्य का रूप प्रदान किया था, जिससे भारत की राजनैतिक एकता सुदृढ़ हुई। अश्वमेध यज्ञ के द्वारा उसने भूमि–बंधन कराकर अपने दिग्विजयी तथा चक्रवर्ती सम्राट् होने का प्रमाण प्रस्तुत किया था।

समुद्रगुप्त महान् शासक था, जिसने अपने जीवनकाल में पराजय का स्वाद नहीं चखा।

योगदान- समुद्रगुप्त ने छोटे–छोटे राज्यों को मिलाकर अखिल भारतीय गणतंत्र की स्थापना की। उसका शासनकाल राजनीतिक, सांस्कृतिक, सामाजिक, आर्थिक, सामरिक दृष्टि से अत्यंत सुदृढ़ था। उसका अद्वितीय व्यक्तित्व उदारता, प्रतिभा तथा असाधारण गुणों का पर्याय था।

समुद्रगुप्त ने अनेक नष्टप्राय जनपदों का पुनरूद्धार किया था, जिससे उसकी कीर्ति सर्वत्र फैली। भारतवर्ष में अबाध शासन स्थापित कर लेने के पश्चात् इन्होंने अनेक अश्वमेध यज्ञ किए और ब्राह्मणों, दीनों, अनाथों को अपार धन दान दिया। शिलालेखों में उन्हें 'चिरोत्सन्न अश्वमेधकर्ता' और 'अनेक अश्वमेधयाजी' कहा गया है।

वैदिक धर्म के वे अनुगामी थे। उनके काव्य से कवियों के बुद्धि वैभव का विकास होता था। ऐसा कोई भी सद्‌गुण नहीं है, जो उनमें न रहा हो। सैकड़ों देशों पर विजय प्राप्त करने को उनकी क्षमता अपूर्व थी। उनकी नीति थी साधुता का उदय हो तथा असाधुता का नाश हो। इन्होंने लाखों गायों का दान किया था। उन्होंने ऐसे

उत्कृष्ट काव्य–सृजन किए थे लोग उन्हें 'कविराज' कहकर उनका सम्मान करते थे। उसने सिंहल के राजा मेघवर्ण की बोधगया में बौद्ध विहार बनाने की अनुमति देकर महती उदारता का परिचय दिया था।

समुद्रगुप्त ने मुद्रा संबंधी अनेक सुधार कार्य किए। उन्होंने शुद्ध स्वर्ण की मुद्राओं एवं उच्च कोटि की ताम्र मुद्राओं का प्रचलन करवाया। दान में भी वे शुद्ध सोने की मुद्रा प्रदान करते थे। यह उनके शासन के वैभव का प्रतीक है।

उत्तराधिकारी- समुद्रगुप्त की कई रानियाँ थीं, जिनमें से पट्टमहिषणी दत्तदेवी थी, जिनसे उन्हें पुत्र प्राप्त हुआ, जो उनका सम्राट् चंद्रगुप्त द्वितीय विक्रमादित्य था, उनका शासनकाल 375 ई. से 415 ई. तक रहा।

१३

सम्राट चंद्रगुप्त विक्रमादित्य द्वितीय

राज्य अवधि- 375 ई.पू.से 412 तक।

समुद्रगुप्त के पश्चात् उसकी प्रधान महिषी दत्तदेवी से उत्पन्न पुत्र चंद्रगुप्त द्वितीय गुप्त राजवंश का सर्वाधिक महत्वपूर्ण एवं शक्तिशाली शासक रहा। गुप्तवंशी लेखों में उसे 'तत्परिगृहीत' अर्थात् 'समुद्रगुप्त

द्वारा चुना गया' कहा गया है। अभिलेखीय स्रोतों के आधार पर चंद्रगुप्त द्वितीय का शासनकाल 375 ई. से 415 ई. के लगभग अर्थात् 40 वर्षों का था। इस दीर्घकालीन शासन में गुप्तवंश ने राजनीतिक एवं सांस्कृतिक, दोनों ही दृष्टियों से अभूतपूर्व प्रगति की। वस्तुतः चंद्रगुप्त द्वितीय का शासनकाल गुप्त इतिहास के सर्वाधिक गौरवशाली युग का प्रतिनिधित्व करता है।

गुप्त साम्राज्य के स्थापित होने के पूर्व मौर्य साम्राज्य का विघटन हुआ, तत्पश्चात् दो बड़ी राजनीतिक शक्तियों का उद्भव हुआ–सातवाहन और कुषाण। इसी समय गुप्त साम्राज्य का उत्कर्ष बहुत तेजी से हुआ और इसने कुषाण एवं सातवाहन साम्राज्य के दो बड़े राज्य–क्षेत्रों पर आधिपत्य स्थापित कर लिया। वाकाटक अभिलेखों व चंद्रगुप्त द्वितीय के कुछ सिक्कों पर इनके अन्य नाम 'देवराज, देवगुप्त, देवश्री' भी मिलते हैं। इतिहासकारों के मतानुसार गुप्तों को वैश्य वर्ग का माना गया है और ये कुषाणों के सामंत रहे होंगे। स्मृतियों के अनुसार नाम के उत्तरांश में गुप्त शब्द का जोड़ा जाना वैश्यों की विशेषता थी।

गुप्त साम्राज्य का विस्तार उत्तर भारत तक विस्तृत था और गुप्त साम्राज्य ने संपूर्ण उत्तर भारत को 335 ई. से 455 ई. तक राजनीतिक एकता के सूत्र में बाँधे रखा। ईसा की तीसरी सदी के अंत तक गुप्त साम्राज्य का आरंभिक राज्य उत्तर प्रदेश और बिहार में था। विभिन्न पुरातत्त्व अभिलेखों के आधार पर यह कहा जा सकता है कि गुप्त साम्राज्य का केंद्र मध्य प्रदेश के क्षेत्रों में था। गुप्तकालीन पुरावशेषों की दृष्टि से उत्तर प्रदेश सबसे समृद्ध स्थान सिद्ध होता है। संभवतः गुप्त शासक उत्तर प्रदेश के प्रयाग को अपनी सत्ता का केंद्र बनाकर पड़ोसी इलाकों में फैलते चले गए।

गुप्त राजवंश का पहला प्रसिद्ध राजा चंद्रगुप्त प्रथम हुआ। उसने अपने राज्यारोहण के समय गुप्त संवत् चलाया। चंद्रगुप्त प्रथम के उत्तराधिकारी समुद्रगुप्त (335–380 ई.) में गुप्त राज्य का बहुत

विस्तार किया। इसलिए उसे भारत का नेपोलियन भी कहा गया। समुद्रगुप्त के पश्चात् उसका पुत्र चंद्रगुप्त द्वितीय गद्दी पर आसीन हुआ।

राज्य विस्तार एवं प्रशासन– चंद्रगुप्त द्वितीय के योगदान एवं उपलब्धियों के मूल्यांकन के लिए विभिन्न साहित्यिक एवं अभिलेखीय साक्ष्य प्राप्त होते हैं। चंद्रगुप्त द्वितीय समस्त गुप्त राजाओं में सर्वाधिक शौर्य एवं वीरोचित गुणों से संपन्न था। वाकाटक अभिलेखों में उसका दूसरा नाम देवराज या देवगुप्त मिलता है।

गुप्त संवत् 61 का एक लेख प्राप्त हुआ है, जो चंद्रगुप्त के शासनकाल के पंचम वर्ष में लिखवाया गया था। इससे उनके राज्यारोहण की तिथि गुप्त संवत् 56 (375–76 ई.) निश्चित होती है।

चंद्रगुप्त द्वितीय ने शकों से गुप्त साम्राज्य की रक्षा की, शकों पर विजय प्राप्त कर 'विक्रमादित्य' की उपाधि धारण की। विष्णु पुराण और वायु पुराण में चंद्रगुप्त के राज्य का विस्तार कोसल, ओड्र, पुंड, ताम्रलिप्ति और पुरी तक बताया गया है। चंद्रगुप्त द्वितीय द्वारा दक्षिण–पश्चिम में साम्राज्य प्रसार के प्रमाणस्वरूप उसके चाँदी के सिक्के और अधीनस्थ सामंतों के अभिलेख मिलते हैं।

चंद्रगुप्त द्वितीय ने वाकाटक नरेशों के साथ मित्रतापूर्ण संबंध स्थापित किया। उसने अपनी पुत्री प्रभावती का विवाह वाकाटक नरेश रूद्रसेन द्वितीय के साथ किया और यह वैवाहिक संबंध राजनीतिक दृष्टि से दोनों के लिए हितकारी सिद्ध हुआ। गुजरात–काठियावाड़ के शक–महाक्षत्रपों के अतिरिक्त गांधार कंबोज के शक–मुरूंडों का भी (कुषाणों) चंद्रगुप्त ने संहार किया था। इस प्रकार मध्य भारत स्थित वाकाटक राज्य पर अप्रत्यक्ष रूप से अपना प्रभाव जमाकर चंद्रगुप्त द्वितीय ने पश्चिमी मालवा और गुजरात पर प्रभुत्व कायम कर लिया और चार सौ साल से राज कर रहे शकों के शासन का भी

अंत कर दिया। इस विजय से चंद्रगुप्त को पश्चिमती समुद्रतट मिल गया, जो वाणिज्य–व्यापार के लिए मशहूर था। इससे मालवा और उसका मुख्य नगर उज्जैन समृद्ध हो गया। दक्षिणी भारत के जिन राजाओं को समुद्रगुप्त ने अपने अधीन किया था, वे अब भी अविकल रूप से चंद्रगुप्त की अधीनता स्वीकार करते थे। शक–महाक्षत्रपों और गांधार–कंबोज के शक–मरूडों के परास्त हो जाने से गुप्त साम्राज्य का विस्तार पश्चिम में अरब सागर तक और हिंदूकुश के पार वंक्षु नदी तक हो गया था।

उपलब्धियाँ- चंद्रगुप्त द्वितीय की महान् उपलब्धियों को उसके राजनीतिक एवं सामाजिक कार्यों के रूप में देख सकते हैं। चंद्रगुप्त द्वितीय ने न सिर्फ राज्य का विस्तार किया, बल्कि राजनीतिक स्थिरता भी बनाए रखी थी। राजनीतिक कुशलता का परिचय हम चंद्रगुप्त मौर्य के वाकाटकों के साथ मैत्री संबंधों में देख सकते हैं। चंद्रगुप्त द्वितीय के राज्य का विवरण हमें चीनी यात्री फाह्यान के द्वारा भी प्राप्त होता है।

वास्तव में चंद्रगुप्त द्वितीय की अभूतपूर्व सफलता शकों पर विजय प्राप्त करना थी। इसके साथ उत्तर भारत में सशक्त राजवंश की पताका भी फहराई। चंद्रगुप्त की उपाधि न केवल 'विक्रमादित्य' थी, अन्य शिलालेखों में उसे 'सिंह–विक्रम, सिंहचंद्र, साहसांक विक्रमांक, देवराज' अनेक उपाधियों से विभूषित किया गया है। चंद्रगुप्त की वीरता उसके सिक्कों से भी प्रकट होती है। सिक्कों पर उसे सिंह के साथ लड़ता हुआ प्रदर्शित किया गया है और साथ में यह है– 'क्षितिमवजित्य सुचरितैः दिवं जयति विक्रमादित्यः।'

विभिन्न अभिलेखीय स्रोतों के आधार पर हमें जो जानकारी प्राप्त होती है, वह चंद्रगुप्त द्वितीय को एक महान् राजा के रूप में सिद्ध करती है। वाराणसी के दक्षिण–पूर्व में स्थित नगवाँ नामक ग्राम से प्राप्त एक पाषाण निर्मित अश्व पर चंद्रगुप्त अंकित है। जे. रत्नाकर ने इसकी पहचान चंद्रगुप्त द्वितीय के साथ की है और बताया है कि

उसने अश्वमेध यज्ञ किया था; जिसके प्रतीकस्वरूप यह अश्व निर्मित किया गया। चंद्रगुप्त द्वितीय युद्धक्षेत्र में जितने महान् थे, शांति काल में उससे कहीं अधिक कर्मठ थे। वह स्वयं विद्वान् एवं विद्वानों के आश्रयदाता थे। उनके समय में पाटलिपुत्र एवं उज्जयिनी विद्या के प्रमुख केन्द्र थे। इस प्रकार चंद्रगुप्त द्वितीय एक महान विजेता, कुशल शासक, कूटनीतिज्ञ विद्वान् एवं विद्या के उदार संरक्षक थे।

१४

सम्राट् स्कंदगुप्त

राज्य अवधि– 455 ई. से 467 ई. तक।

जीवन परिचय– प्राचीन भारतवर्ष में स्कंदगुप्त लगभग तीसरी शताब्दी के अंत से पाँचवीं सदी के उत्तरार्द्ध तक शासन करने वाले गुप्त राजवंश के राजा के रूप में प्रसिद्ध हैं। इनकी राजधानी पाटलिपुत्र थी, जो वर्तमान समय में पटना के रूप में बिहार की राजधानी है। स्कंदगुप्त के पिता का नाम कुमारगुप्त था, जिन्होंने 415 से 455 ई. तक शासन किया। अपने पिता के शासनकाल में युवराज स्कंदगुप्त

ने हूणों के आक्रमण को ध्वस्त करते हुए उन्हें करारी शिकस्त दी। ख्यातिलब्ध, लक्ष्मीसंपन्न, प्रथित यश से युक्त, पृथ्वी के स्वामी, जगत् पराक्रम शक्ति संपन्न गुप्त वंश में अद्वितीय वीर, महान् धर्मात्मा आदि ऐसे गुणों से संपन्न स्कंदगुप्त नाम के राजा हुए। चरित्रवान सदाचारी लोगों के आचरण में कोई बाधा उपस्थित नहीं होती थी। वे आत्मविश्वास से विनीत थे।

राज्य का विस्तार- स्कंदगुप्त के शासन में ऐसी कई घटनाएँ उल्लेखनीय हैं। उसने पुष्यमित्रों, म्लेच्छों तथा हूणों को अपने अथक परिश्रम से पराजित किया। भितरी व जूनागढ़ के अभिलेखों के आधार पर कहा जाता है कि उसके पिताजी की मृत्यु के बाद स्कंदगुप्त ने पराक्रम के आधार पर शत्रुओं को परास्त किया। राजोचित गुणों से संपन्न, विपुल राजश्री से युक्त एवं अपनी शक्ति से चारों दिशाओं में समुद्र तक फैली पृथ्वी पर अपना प्रभुत्व स्थापित कर लिया था।

सम्राट् स्कन्दगुप्त की सफलता का आधार उसकी प्रशासनिक कुशलता थी, जिसने पश्चिमोत्तर सीमा पूरा महत्व समझा और उसकी रक्षा का समुचित प्रबंध किया। स्कंदगुप्त का साम्राज्य पश्चिम में सौराष्ट्र से लेकर पूर्व में बंगाल और उत्तर भारत के मध्य प्रदेश तक फैला था। वह एक विशाल साम्राज्य का राजा था, जिसका साम्राज्य विभिन्न प्रांतों में विभाजित था।

योगदान एवं उपलब्धियाँ- स्कंदगुप्त की धार्मिक विचारधारा का आधार उनके पूर्वजों के समान था। उनके वैष्णव संप्रदाय के होने का परिचय प्राप्त होता है। उसने भितरी (गाजीपुर) उत्तर प्रदेश में भगवान् विष्णु की प्रतिमा को स्थापित किया। सम्राट् स्कंदगुप्त ने सुदर्शन झील पर बाँध बनवाया, जो उनके शासनकाल की सबसे महत्त्वपूर्ण घटना थी।

रैवतक पर्वत से निकलने वाली मांस्वरूपा, पलाशिनी, सिकता तथा विलासिनी नामक नदियाँ, जो सुदर्शन झील द्वारा बाँधकर रखी

गई थीं, बंधनमुक्त हो गई। वर्षा की अधिकता के कारण समुद्र की प्रिया पलाशिनी की आकुलता को देखकर उर्जयत पर्वत भी तटवर्ती वृक्षों के पृथक् पुष्पों से पूरित नदी–हाथों के द्वारा सागर को सहारा देने लगा।

सागर के समान परिवर्तन होने के कारण सुदर्शन झील के सभी लोग इस जलप्लावन से दुःखी हो गए। स्कंदगुप्त ने नगर के कल्याण के लिए पिता पर्णदत्त के प्रति निष्ठा दिखाते हुए शुभ फलदायक धर्म का ध्यान किया। नीतिशास्त्र मर्मज्ञ तथा प्रतापी पुत्र चक्रपालित ने गुप्त संवत् के 137वें वर्ष घृत और स्तुतियों से देवगणों को आहुति प्रदान की। राजा के द्वारा दानादि करके असीमित धन खर्च कर दो माह के अधिक प्रयास से ज्येष्ठ कृष्ण प्रतिपदा के दिन चक्रपालित से सुदर्शन झील की मरम्मत करवाई। वह झील एक सौ हाथ लंबी, 68 हाथ चौड़ी, सात पुरूषों के बराबर ऊँची तथा 200 हाथ गहरी बन गई। झील पर एक नया बाँध बनवाने के साथ–साथ झील के किनारे एक विष्णु मंदिर भी बनवाया गया।

स्कंदगुप्त ने तीन प्रकार की मुद्राएँ बनवाई– धनुर्धर प्रकार, राजा और लक्ष्मी प्रकार एवं अश्वारोही प्रकार, पश्चिमी एवं मध्य भारत में चाँदी की मुद्राएँ भी प्रचलित थीं। सिक्कों पर उसका नाम विक्रमादित्य अंकित है। वेदी के आकार की रजत मुद्राओं पर भी विक्रमादित्य की उपाधि मिलती है।

स्कंदगुप्त एक महान् विजेता, राष्ट्र के मुक्तिदाता के रूप में गुप्त साम्राज्य के विगत गौरव की पुनः स्थापना करनेवाला उदार शासक था। अभिलेखों के आधार पर स्कंदगुप्त की प्रशंसा–

1. स्कंदगुप्त के काल का गिरनार अभिलेख जूनागढ़ (सौराष्ट्र) से एक मील पूर्व में स्थित गिरनार के पूर्वोत्तर खंड पर स्थित है। यहीं पर महाक्षप रूद्रमन का भी अभिलेख स्थित है। इसमें धार्मिक, सुदर्शन झील के निर्माण, स्कंदगुप्त का

अपने राजधर्म के गुणों का पूर्वजों के आधार पर अनुसरण का वर्णन है।

2. स्कंदगुप्त का इंदौर ताम्रपत्र अभिलेख–यह अभिलेख इंदौर (मध्य प्रदेश) में स्थित है, जिसमें देवविष्णु ब्राह्मण के द्वारा इंद्रपुर में सूर्य मंदिर को अक्षय नवमी के दिन दान देने का वर्णन है। इसका प्रमुख कारण परम भट्टारक महाराजाधिराज श्रीस्कंदगुप्त के अभिवर्धमान विजयोन्मुखी गुप्त संवत् का शासन वर्ष प्रसन्नता का परिचायक है।

उत्तराधिकारी- स्कंदगुप्त की मृत्यु के बाद 467 ई0 में स्कंदगुप्त का अपना कोई उत्तराधिकारी न होने के कारण (स्कंदगुप्त की मृत्यु के उपरांत) उसने सौतेले भाई पुरुगुप्त को उत्तराधिकारी के रूप में घोषित किया गया।

इस आधार पर यह स्पष्ट होता है कि प्राचीन भारतीय एवं संस्कृति के आदि स्रोतों में एक शासक के गुणों के आधार पर उसकी राजनीतिक स्थिति, भूमिदान की योजना, निर्माण योजना आदि उसकी कार्य प्रणाली को अमर करती है।

१५

महाराजा पुलकेशिन (पुलकेशी) प्रथम

Painted specially for this work.]

राज्य अवधि- 543 ई. से 566 ई.।

परिचय- चालुक्य वंश का प्रथम पराक्रमी राजा पुलकेशी प्रथम था। पुलकेशिन के बाद के राजाओं के अभिलेख के अनुसार पुलकेशी

प्रथम को ही इन राजाओं ने चालुक्य वंश का संस्थापक माना है। पुलकेशी प्रथम के प्रारंभिक जीवन के विषय में जानकारी उपलब्ध नहीं है, परंतु निश्चय ही उनके एक महान् विजेता होने के सारे स्रोत उपलब्ध हैं। जॉर्ज मिशेल के अनुसार, ''बदामी के अभिलेखों से ज्ञात होता है कि वे चालुक्य वंश के संस्थापक थे और उन्होंने साम्राज्य को सुदृढ़ किया।'' 543 ई. में पुलकेशिन ने वातापी में एक किला बनवाया और वहाँ से साम्राज्य संचालन शुरू किया। साम्राज्य विस्तार के लिए पुलकेशिन ने सर्वप्रथम पश्चिमी घाट पर अधिकार किया। कृष्णा नदी के उत्तर तक और तुंगभद्रा के दक्षिण तक नियंत्रण भी स्थापित किया। चालुक्य वंश का शासन पश्चिमी दक्कन क्षेत्र पर था। पुलकेशिन प्रथम के पिता का नाम रणराग था, जो कदंबों के अधीन शासन करते थे, परंतु आगे चलकर पुलकेशिन प्रथम ने स्वतंत्र राजवंश 'चालुक्य वंश' की नींव रखी। पुलकेशिन का विवाह बटपुर परिवार की कन्या दुर्लभदेवी के साथ हुआ था।

राज्य-विस्तार-चालुक्य वंश को स्थापित करने के साथ–साथ साम्राज्य विस्तार पर भी पुलकेशिन प्रथम ने योगदान दिया। साम्राज्य विस्तार के लिए पुलकेशिन प्रथम ने सर्वप्रथम पश्चिमी घाट पर अधिकार कर लिया। इसके साथ–साथ कृष्णा नदी के उत्तर तक और तुंगभद्रा के दक्षिण तक नियंत्रण भी स्थापित कर लिया। पुलकेशिन प्रथम ने साम्राज्य विस्तार के साथ–साथ साम्म्रज्य संचालन व्यवस्था को भी सुदृढ़ किया। 543 ई. में पुलकेशिन प्रथम ने वातापी में एक किला बनवाया, जिससे राज्य की केंद्रीय व्यवस्था को सुचारू रूप से चलाया जा सके। प्रारंभिक अभिलेखों से ज्ञात होता है कि पहले कदंब शासकों की अधीनता में बदामी शासन करते थे, परंतु बाद में स्वतंत्र राज्यवंश की स्थापना की। पुलकेशिन प्रथम ने 567 ई. तक राज्य किया, उसके बाद उसका पुत्र कीर्तिवर्मन गद्दी पर बैठा। पुलकेशिन प्रथम के उत्तराधिकारियों ने साम्राज्य का और भी विस्तार किया।

राष्ट्र के लिए योगदान- पुलकेशिन प्रथम ने दक्षिण में एक विशालतम हिंदू राज्य स्थापित किया। वातापी के चालुक्यों को सामंत–स्थिति से स्वतंत्र स्थिति में लाने वाला पहला शासक पुलकेशिन प्रथम था। पुलकेशिन प्रथम रणराग का पुत्र था, जिन्होंने कदंब शासकों के अधीन रहकर कार्य किया था। बाद में पुलकेशिन प्रथम ने स्वतंत्र हिंदू साम्राज्य की स्थापना की। विभिन्न अभिलेखों में पुलकेशिन का उल्लेख 'पुलकेशिन, पोलेकेशन' आदि नाम से हुआ है। वातापी को पुलकेशिन ने राजधानी बनाया और वातापी के आस–पास के क्षेत्रों को जीतकर अपने अधिकार में कर लिया। ऐहोल लेख में वातापी के ऊपर उसके अधिकार तथा अश्वमेध यज्ञ करने का विशेष रूप से उल्लेख किया गया है। यह निश्चय ही प्रतीत होता है कि पुलकेशिन ने राजधानी की सुरक्षा के लिए आस–पास के क्षेत्रों पर अधिकार किया और कदंबों से इतर स्वतंत्र राज्य की पहचान हासिल की। इस प्रकार अश्वमेध यज्ञ के अनुष्ठान द्वारा अपनी प्रभुसत्ता घोषित की।

अपनी महानता के अनुरूप पुलकेशिन प्रथम ने सत्याश्रय तथा रणविक्रम जैसी उपाधियाँ भी धारण कीं। उन्हें 'श्रीपृथ्वीबल्लभ' अथवा 'श्रीबल्लभ' भी कहा गया है। पुलकेशिन प्रथम मनुस्मृति, इतिहास, पुराण, रामायण, महाभारत का ज्ञाता भी था। उनकी तुलना ययाति, दिलीप आदि पौराणिक शासकों से भी की गई है। इस प्रकार विभिन्न साक्ष्यों से निःसंदेह पुलकेशिन प्रथम को हिंदुओं का महान् राजा माना जा सकता है।

साम्राज्य स्थापना एवं विस्तार के अतिरिक्त पुलकेशिन प्रथम ने स्थापत्य कला एवं धार्मिक कार्यों को भी प्रोत्साहन दिया। राज्य की किलेबंदी एवं वातापी का दुर्ग स्थापत्य कला का अद्भुत उदाहरण है। मंदिरों का निर्माण भी कराया गया। पुलकेशिन प्रथम के उत्तराधिकारियों ने भी स्थापत्य कला को प्रोत्साहन दिया। सबसे बड़ा हिंदू मंदिर ऐहोल, बदामी और पटकल क्षेत्रों में बनाया गया,

यहाँ तक कि पटकल स्मारक यूनेस्को विश्व–विरासत सूची में रखा गया। यह महान् योगदान चालुक्य वंश के राजाओं ने भारत के निर्माण में दिया।

१६

सम्राट यशोधर्मन

राज्य अवधि- 530 ई. से 540 ई. तक।

जीवन-परिचय- यशोधर्मन छठी शताब्दी के आरंभिक काल में मालवा के महाराजा थे। छठी शताब्दी ई. के द्वितीय चरण में मालवा प्रांत

से आगे बढ़कर यशोधर्मन पूरे उत्तरी भारत पर छा गए। यशोधर्मन की उत्पत्ति और प्रारंभिक इतिहास के विषय में कुछ ज्ञात नहीं है। उसके एक अभिलेख में उसे औलिकर वंश का कहा गया है। इस वंश के लोग पाँचवीं शताब्दी के मध्य में गुप्त साम्राज्य के सामंत के रूप में मालवा पर शासन कर रहे थे, किंतु इसके लगभग सौ वर्षों के लिए इस वंश की कोई सूचना वर्तमान इतिहास में नहीं मिलती। गुप्तों की शक्ति क्षीण हो चली थी। वाकाटकों एवं हूणों के आक्रमण के कारण मालवा की राजनीतिक दशा अस्थिर थी। ऐसे में यशोधर्मन जैसे महत्वाकांक्षी एवं योग्य व्यक्ति के लिए अपना प्रभाव बढ़ाना सरल था। मंदसौर (म.प्र.) से प्राप्त उसे दो अभिलेखों से उसके बारे में पता चलता है। वह दिग्विजयी राजा था, जिसका साम्राज्य मालवा से लेकर भारतवर्ष में चारों ओर फैला हुआ था।

राज्य विस्तार- मंदसौर से प्राप्त एक अभिलेख में यशोधर्मन के विषय में कहा गया है कि उसका प्रभुत्व लौहित्य (ब्रह्मपुत्र) से महेंद्र पर्वत (गंजाम जिला) तक और हिमालय से पश्चिमी सागर तक फैला हुआ था। अभिलेख में यह भी कहा गया है कि यशोधर्मन का अधिकार उन प्रदेशों पर भी था, जो गुप्त राजाओं और हूणों के भी अधिकार में नहीं आए थे। उसके प्रांतपाल अभदत्त के अधिकार में विंध्य एवं पारियात्र के बीच का प्रदेश था, जो अरब सागर तक फैला था। इस विस्तृत साम्राज्य की विजय के संबंध में उसने किन–किन राजवंशों को पराजित किया, इसका कोई उल्लेख नहीं मिलता। अभिलेख में उसके द्वारा पराजित शत्रुओं में केवल मिहिरकुल का ही नाम दिया गया है, जो गांधार के हूण शासक थे।

योगदान एवं उपलब्धियाँ- यशोधर्मन का दूसरा नाम विष्णुधर्मन था। उसने राजाधिराज परमेश्वर और सम्राट् की उपाधि धारण की थी। वह शिवभक्त था। अभिलेख में उसके अच्छे शासन और सद्गुणों के कई उल्लेख हैं। उसकी तुलना मनु, भरत, अलर्क और मांधाता राजाओं से की गई है। अपने समय में उसे विशेष गौरव प्राप्त हुआ था।

१७

सम्राट् हर्ष

राज्य अवधि– 606–647 ई.

परिचय– गुप्त साम्राज्य के विघटन के पश्चात् उत्तर भारत में राजनीतिक विकेंद्रीकरण के जो युग का प्रारंभ हुआ, हर्षवर्धन के राज्यारोहण के साथ उसकी समाप्ति हुई। हर्षवर्धन का जन्म 511 ई. के लगभग हुआ। वह परमभट्टारक महाराजधिराज प्रभाकर वर्धन का कनिष्ठ

पुत्र था तथा उसकी माता का नाम यशोमती था। उसे राजकुमारों के अनुरूप शिक्षा–दीक्षा दी गई। वह विविध शस्त्र चलाने में सक्षम हो गया। हर्षवर्धन बहुमुखी प्रतिभा से संपन्न व्यक्ति था। उसको शस्त्र और शास्त्र, दोनों की समान जानकारी थी, उसकी रुचि ललित कलाओं में थी। राज्यवर्धन की मृत्यु के बाद 606 ई. में थानेश्वर के राजदरबारियों ने पर्याप्त परामर्श के पश्चात् हर्ष को वहाँ का राजा बनाया। हर्षचरित से पता चलता है कि पहले वह सिंहासन ग्रहण करने में संकोच कर रहा था। कुछ ऐसी अनिच्छा की बात ह्वेनसांग भी करता है। गद्दी पर बैठने के बाद उसका पहला कार्य अपने भाई के हत्यारे शशांक से बदला लेना तथा बहन राज्यश्री को उसकी कैद से आजाद करवाना था। राज्यश्री की रक्षा करने के बाद राजा हर्षवर्धन कन्नौज लौटे और उन्होंने अपनी राजधानी थानेश्वर से कन्नौज स्थानांतरित कर दी। हर्ष हिंदू शासक था, उसने सभी धर्मों का सम्मान किया, उसने भारतीय परंपरा को आत्मसात् किया। उसके शासनकाल में सभी धर्मों के शांति के दिन थे। उसने सनातन धर्म का भी सम्मान किया और वैदिक परंपरा को आगे बढ़ाया। भारत की धरती पर उसका नाम स्वर्णिम अक्षरों में लिखा जाएगा।

राज्य विस्तार– हर्षवर्धन शक्तिशाली था। उसने राज्य विस्तार की पूरी कोशिश की और बहुत सफल भी रही। ह्वेनसांग के अनुसार उसने उत्तरी भारत के पाँच देशों को अपने अधीन कर लिया। ये पाँच देश–प्रदेश– पंजाब, कन्नौज, गौड़ या बंगाल, मिथिला और उड़ीसा थे। बाणभट्ट के 'हर्षचरित' में हर्ष की विजय–यात्रा का बड़ा ही रोचक वर्णन प्राप्त होता है। इसके अनुसार हर्ष की सेना प्रतिदिन आठ कोस की दूरी तय करती थी। इस दौरान हर्ष ने कामरूप के राजा भास्कर वर्मा का मैत्री प्रस्ताव और उपहार भी स्वीकार किया। वल्लभी के राज्य आधुनिक गुजरात प्रांत में स्थित था। वहाँ का शासक ध्रुवसेन द्वितीय था, हर्ष ने उस पर आक्रमण किया और ध्रुवसेन को पराजित किया। इसके बाद हर्ष ने सिंध पर

आक्रमण किया। बाण के हर्षचरित से पता चलता है कि हर्ष ने 'सिंधराज' को युद्धक्षेत्र में मर्दित करके उसकी राजलक्ष्मी को छीन लिया। हर्ष की इस राज्य विस्तारी जीत को चुनौती मिली चालुक्य वंश के शक्तिशाली राजा पुलकेशिन द्वितीय द्वारा। हर्ष की विजयों के फलस्वरूप उसके राज्य की पश्चिमी सीमा नर्मदा नदी तक पहुँच गई। उधर पुलकेशिन भी उत्तर की ओर राज्य का विस्तार करना चाहता था। ऐसी स्थिति में दोनों के बीच युद्ध अवश्यंभावी हो गया। फलस्वरूप हर्ष और पुलकेशिन के बीच नर्मदा नदी के तट पर युद्ध हुआ, जिसमें हर्ष की पराजय हुई।

पुलकेशिन के विरूद्ध हर्ष की असफलता ने नर्मदा नदी के दक्षिण में उसका प्रसार रोक दिया। इसके बाद हर्ष ने पूर्वी भारत की विजय के निमित्त एक दूसरी सैनिक योजना बनाई, जिसका उद्देश्य शशांक के राज्य को जीतना था, लेकिन चीनी साक्ष्यों के आधार पर हम इस निष्कर्ष पर पहुँचते हैं कि 637 ई. में शशांक की मृत्यु के बाद ही हर्ष ने उसके द्वारा शासित राज्यों– मगध, बंगाल तथा उड़ीसा– पर अपना अधिकार कर लिया होगा। हर्षचरित से पता चलता है कि हर्ष ने नेपाल पर अधिकार किया था। विभिन्न स्रोतों से पता चलता है कि हर्ष ने नर्मदा नदी के दक्षिण में सैनिक अभियान किया तथा कुंतल, चोल और काँची की विजय प्राप्त की।

हर्ष के राज्य में तीन प्रकार के राज्य थे– प्रत्यक्ष शासित राज्य, अर्धस्वतंत्र राज्य तथा मित्र राज्य। प्रथम श्रेणी में हम सामान्य तौर से उन राज्यों को रख सकते हैं, जिनकी राजनीतिक स्थिति का उल्लेख ह्वेनसांग नहीं करता। दूसरी श्रेणी में वल्लभी, पश्चिमी मालवा, सिंध आदि राज्य थे, जबकि तृतीय श्रेणी के अंतर्गत कश्मीर तथा कामरूप के राज्य सम्मिलित थे। हर्ष का प्रभाव क्षेत्र उसके प्रत्यक्ष शासन से अधिक विस्तृत था। ब्रह्म देशों के साथ भी उसने मैत्री संबंध स्थापित किए।

राज्य संचालन– हर्ष के राज्यकाल में शासक को जनता के अधिक निकट संपर्क में आता देखते हैं। हर्ष ने अपनी विजयों के दौरान राजकीय दौरे को भी अपना कर्तव्य समझा। चीनी यात्री ह्वेनसांग ने उसके राजकीय दौरों का विशद विवरण देते हुए कहा है कि राजा अपने साम्राज्य के हर क्षेत्र का दौरा करता था। कहीं पर भी वह अधिक दिनों तक नहीं टिकता था। जहाँ जाता था, वहाँ उसके और उसके साथियों के लिए अल्पकालिक आवास–स्थान बना दिए जाते थे। वहाँ की स्थानीय जनता, राजा, सामंत उसकी सेवा में लगे रहते थे। विदेशी शासक, राजदूत, विद्वान व अन्य व्यक्ति, जो राजा के दर्शनार्थ आना चाहते थे, इन अस्थायी आवासों में आकर राजा से मिलते थे। इस प्रकार हम देखते हैं कि हर्ष ने अपने साम्राज्य का दौरा करते हुए अपने शासन की जड़ को मजबूत करने की कोशिश की।

केंद्रीय शासन का जो नियंत्रण मौर्य युग में देखने को मिलता है, वह इस हर्ष युग में नहीं मिलता। हर्ष युग से ही विकेंद्रीकरण की प्रवृत्ति बढ़ने लगी थी। यह स्पष्ट था कि मौर्यकाल में जिस प्रकार केंद्रीय शासन का प्रभाव दूरवर्ती प्रांतों पर भी बना रहा था, वैसा इस युग में नहीं हुआ। राजकार्य में सम्राट् को सहायता करने वाले मंत्री ओर अमात्य होते थे। मंत्रिपरिषद् का उल्लेख बाण के हर्षचरित में भी प्राप्त है। मंत्रिपरिषद् आवश्यकता पड़ने पर बड़ा प्रभावशाली उत्तरदायित्व निभाती थी। राज्यवर्धन की मृत्यु के बाद हर्ष को सिंहासन पर आरूढ़ करते समय मंत्रिपरिषद् ने बड़ी महत्त्वपूर्ण भूमिका अदा की थी।

प्रशासन की सुविधा के लिए हर्ष का विशाल साम्राज्य कई प्रांतों में विभाजित था, किंतु हर्षकालीन प्रांतों की संख्या अथवा उनके शासकों के विषय में हमें ज्ञान नहीं है। प्रशासन मृदु सिद्धांतों पर आधारित था, सरकार की माँगे कम प्रसारित की गई थीं। हर्ष के समय में प्रयाग के संगमक्षेत्र में प्रति पाँचवें वर्ष

एक समारोह आयोजित किया जाता था, जिसे 'महामोक्षपरिषद्' कहा गया है।

राष्ट्र के लिए योगदान– हर्षवर्धन की उपलब्धियों के अध्ययन के पश्चात् यह स्पष्ट हो जाता है कि वह एक महान् विजेता, कुशल प्रशासक, विद्वान् एवं विद्या का उदार संरक्षक था। वह एक प्रजावत्सल सम्राट् था, जिसका हृदय दीनों एवं अनाथों के लिए द्रवित हो उठता था। हर्षवर्धन भारत के आखिरी महान् राजाओं में एक था, वह उत्तर भारत को एक सूत्र में पिरोने वाला शासक था। हर्ष ने चीन के साथ बेहतर राजनीतिक संबंध बनाए। हर्ष ने भारतीय संस्कृति को पुनः उसी स्थान पर लाने की कोशिश की। अन्य सम्राटों द्वारा बौद्ध धर्म के तुष्टिकरण के कारण जो समस्याएँ उत्पन्न हुई थीं, हर्षवर्धन ने उनको कम करने का प्रयास किया। तत्कालीन स्रोतों से पता चलता है कि उस समय देश की आर्थिक दशा उन्नत थी। कृषि के लिए सिंचाई की उत्तम व्यवस्था थी। कृषि के अतिरिक्त वाणिज्य, व्यवसाय, उद्योग–धंधे तथा व्यापार भी उन्नति पर थे। देश में कई प्रमुख व्यापारिक नगर थे।

देश में शांति और व्यवस्था बनाए रखने के निमित्त पुलिस विभाग की स्थापना हुई थी। पुलिसकर्मियों को 'चाट' या 'भाट' कहा गया था। हर्ष के व्यक्तिगत धर्म तथा उसके समय की धार्मिक अवस्था के विषय में हम हर्षचरित तथा ह्वेनसांग के भ्रमण–वृत्तांत से जानकारी प्राप्त करते हैं। हर्ष के पूर्वज भगवान् शिव और सूर्य के अनन्य उपासक थे। प्रारंभ में हर्ष भी अपने कुल देवता शिव का परम भक्त था, लेकिन बाद में उसका झुकाव बौद्ध धर्म की तरफ हो गया, लेकिन इसके बावजूद एक बात, जो सबसे महत्त्वपूर्ण है कि हर्षवर्धन सनातन धर्म का भी सम्मान करता रहा। प्रयाग की छठी महामोक्षपरिषद् में हर्षवर्धन ने बुद्ध, सूर्य एवं शिव की पूजा की थी।

उत्तराधिकार– हर्ष की मृत्यु के बाद लगभग 75 वर्षों तक का कन्नौज का इतिहास अंधकारमय है। इस अंधयुग के पश्चात् हम

कन्नौज के राजसिंहासन पर यशोवर्मन नामक एक महत्त्वाकांक्षी एवं शक्तिशाली शासक को आसीन पाते हैं। यशोवर्मन ने संभवतः 700 ई. से 740 ई. तक शासन किया। वर्तमान स्थिति में हम यशोवर्मन के उत्तराधिकारियों के विषय में निश्चित रूप से कुछ भी नहीं कह सकते। हर्ष के पश्चात् कन्नौज विभिन्न शक्तियों के आकर्षण का केंद्र बन गया। इसे वही स्थान प्राप्त था, जो गुप्तयुग में मगध को था। इसीलिए कन्नौज के लिए बाद में त्रिकोणात्मक संघर्ष हुआ।

१८

महाराजा नरसिंहवर्मन प्रथम

राज्य अवधि- 630–668 ई.।

परिचय- पल्लव वंश का नरसिंहवर्मन उस प्रभावशाली पल्लव सम्राट् महेंद्रवर्मन का पुत्र था, जो अपने प्रारंभिक जीवन में कट्टर जैन था, लेकिन बाद में अप्पार की प्रेरणा से शिवभक्त बन गया।

महेंद्रवर्मन प्रथम की चालुक्य सम्राट् पुलकेशिन द्वितीय के हाथों पराजय हुई। वह वेणी प्रांत हार गया, जहाँ पूर्वी चालुक्य साम्राज्य की

स्थापना के लिए पुलकेशिन ने अपने भाई को भेजा था। नरसिंहवर्मन प्रथम ने, जिसे महामल्ल भी कहते थे, अपने सैनिक अभियानों के दौरान कई युद्ध लड़कर अपने पिता की पराजय का बदला लिया, यहाँ तक कि उसने चालुक्य राजधानी वातापी को जीत लिया तथा वातापी विजेता अर्थात् वातापीकोंड की उपाधि ग्रहण की। पुलेकिशन द्वितीय के साथ लड़ाई में उसने संभवतः सिंहली राजकुमार मानावम्मा से सहायता प्राप्त की, जिसे बाद में उसने लंका का राज्य प्राप्त करने में मदद की।

पल्लवों के समुद्री व्यापार के विस्तार के बारे में महावंश से जानकारी मिलती है, जिससे मानावम्मा को लंका का राजा बनने के लिए नरसिंह वर्मन प्रथम द्वारा भेजे गए लगातार दो नौसैनिक बेड़ों का उल्लेख है। नरसिंह वर्मन प्रथम का शासनकाल पल्लव शक्ति का चरमोत्कर्ष था। वह विजेता सम्राट् अपने पिता की भाँति महान् कलाप्रेमी था। उसने भी त्रिचिनपल्ली और पुड्डकोट्टई जैसे स्थानों पर भव्य गुफा मंदिर बनवाए। वैसे उसका नाम मालवीवरम के रथों के लिए प्रसिद्ध है। यह स्मारक पहले के समय की तुलना में मूर्तिकला व शिल्पकला की विविधता, सौंदर्य और उत्कर्ष का प्रतीक है। इस स्थान का मूल नाम महामल्लपुरम् था, जो इसके संस्थापक सम्राट् महामल्ल अर्थात् नरसिंह वर्मन के नाम पर था।

ह्वेनसांग 642 ई. के आसपास कांची गया था और नरसिंह वर्मन प्रथम के शासनकाल में वह कुछ वर्षों तक वहाँ रहा। कांचीपुरम् नगरी बहुत बड़ी थी। उसकी परिधि पाँच या छह मील तक फैली हुई थी। इस देश को द्रविड़ कहते थे और इसका क्षेत्रफल लगभग एक हजार वर्गमील था। शिक्षा का भी यह बहुत बड़ा केन्द्र था। मंदिरों की विशाल संख्या के कारण ही यह वास्तव में हिंदुओं के लिए एक पवित्र नगरी थी।

नरसिंहवर्मन प्रथम अपने कुल का सर्वाधिक शक्तिशाली हिंदू शासक था। उसके समय में पुलकेशिन द्वितीय ने पुनः पल्लव राज्य

पर आक्रमण किया। नरसिंहवर्मन ने उसे तीन युद्धों में बुरी तरह परास्त किया। कूरभ अभिलेख में नरसिंहवर्मन की इस सफलता का उल्लेख मिलता है, जिसके अनुसार उसने सहस्रबाहु कार्तवीर्य के समान अतुल पराक्रम दिखाते हुए परियाल, शूरमार तथा पणिमंगलम् के युद्धों में पुलकेशिन को पूर्णरूपेण पराजित किया तथा उसकी पीठ पर विजयाक्षर अंकित कर दिया। अपनी सफलताओं से उत्साहित होकर उसने पुलकेशिन के राज्य पर प्रतिक्रियात्मक अभियान की सुनियोजित योजना बनाई। उसने एक सेना अपने सेनापति शिरूतोंड के नेतृत्व में भेजी।

642 ई. में पल्लव सैनिकों ने चालुक्यों की राजधानी वातापी (बादामी) पर अधिकार कर लिया तथा पुलकेशिन युद्ध में मारा गया। कशाकुड़ी दानपत्र से सूचित होता है कि पल्लवों ने बादामी पर चढ़ाई कर उसी प्रकार ध्वस्त कर दिया, जैसे कि अगस्त्य मुनि ने वातापि राक्षस को मार डाला था।

वैलूरपाल्यम् लेख में कहा गया है कि नरसिंहवर्मन ने बादामी में शत्रुओं को जीतने के बाद अपना विजयस्तंभ स्थापित किया था। इस विजय का उल्लेख बादामी में मल्किार्जुन मंदिर के पीछे एक पाषाण पर उत्कीर्ण है। चालुक्य राज्य के दक्षिणी भाग पर पल्लवों का अधिकार हो गया।

नरसिंहवर्मन ने इस विजय के उपलक्ष्य में वातापीकोंड (वातापी का अपहर्ता) की उपाधि धारण की। इस विजय के फलस्वरूप यह संपूर्ण दक्षिणापथ का सार्वभौम शासक बन बैठा।

नरसिंहवर्मन दृढ़ निश्चय व वीरता का धनी था, जिसका उदाहरण हमें मानवर्मा को पुनः सिंहल की गद्‌दी दिलाने में मुख्य सहायता विशाल सेना भेजकर करने में मिलता है, परंतु पल्लव सेना के वापस लौटने के बाद उसे पुनः पदच्युत कर दिया गया था। महावंश से पता चलता है कि इस बार नरसिंहवर्मन स्वयं महाबलीपुरम् तक

विशाल सेना लेकर साथ गया। परिणामतः अभियान भी पूर्णरूपेण सफल रहा तथा मानवर्मा ने अपना खोया हुआ राज्य एवं प्रतिष्ठा पुनः प्राप्त कर ली। उसका प्रतिद्वंद्वी हत्थदत्थ मारा गया तथा उसके सहयोगी पोत्थकुत्थ ने भागकर आत्महत्या कर ली। वह नरसिंहवर्मन की दूसरी महत्वपूर्ण उपलब्धि थी।

नरसिंहवर्मन की प्रशासनिक व्यवस्था सुदृढ़ थी। संपूर्ण पल्लव साम्राज्य कोट्टामस (Kottams) में विभाजित था। इसकी प्रशासनिक व्यवस्था राजा द्वारा नामित पदाधिकारियों द्वारा देखी जाती थी। राजा विभिन्न मंत्रियों का केंद्र बिंदु होता था, जो कि न्याय का झरना था। नरसिंहवर्मन के पास एक शक्तिशाली प्रशिक्षित सेना थी।

ह्वेनसांग नरसिंहवर्मन के समय पल्लवों की राजधानी कांचीपुरम् आए थे। उनके अनुसार कांची के लोग ज्ञान के पिपासु व सीखने की ललक वाले थे, जिनके लिए नरसिंहवर्मन ने कांची में घातिका (Ghatika) को ज्ञान का एक महान् केंद्र बनाया। इस तरह नरसिंह वर्मन महामल्लपुरम् का आधार था तथा मोनोयिथिक रथ की कलाकृतियाँ भी इसी अवधि में पनपी थीं।

इस दौरान पल्लव शासनकाल में समाज महत्त्वपूर्ण सामाजिक बदलाव का गवाह बना, जहाँ ब्राह्मण व मंदिरों का समाज में उत्तम महत्त्व था तथा भूमिदान महत्त्वपूर्ण धार्मिक क्रियाकलापों के लिए बिना किसी कर (Tax) के साम्राज्य के अधिकार–क्षेत्र से दिया जाता था। मंदिरों की देखरेख की जिम्मेदारी भी दी जाती थी। शैव नायन्मार व वैष्णव अलवार ने शैव व वैष्णव संप्रदाय के उत्थान में महत्त्वपूर्ण योगदान दिया था।

१६

सम्राट् ललितादित्य

समय अवधि- 724 ई. से 761 ई. तक।

परिचय- कश्मीर के इतिहास के उज्ज्वल पृष्ठों पर 'कर्कोटा' वंश का 245 वर्ष का राज्य स्वर्णिम अक्षरों में वर्णित है। इस वंश के राजाओं ने अरब हमलावरों को अपनी तलवार की नोक पर कई वर्षों तक रोके रखा था।

इसी वंश में ललितादित्य नाम के सम्राट् ने 724 ई. से 761 ई. तक शासन किया। कार्कोटा एक नाग का नाम है, ये नागवंशी कर्कोटक क्षत्रिय थे। साहस और पराक्रम की प्रतिमूर्ति सम्राट् ललितादित्य मुक्तापीड का नाम कश्मीर के इतिहास में सर्वोच्च स्थान पर है। इन्हें 'भारतवर्ष का एलेक्जेंडर' कहा जाता था। इन्होंने 37 वर्ष शासन किया, उसके बाद उनके दो पुत्र कुवलयापीड तथा वज्रापीड गद्दी पर बैठे।

इनका शासन सफल सैनिक अभियानों और कला–कौशल प्रेम तथा विश्व विजेता बनने की उसकी चाह से पहचाना जाता है। लगातार बिना थके युद्धों में व्यस्त रहना और रणक्षेत्र में अपने अनूठे सैन्य कौशल से विजय प्राप्त करना उसके स्वभाव का साक्षात्कार है।

राज्य विस्तार– आठवीं शताब्दी में शक्तिशाली भारतीय सम्राट् ललितादित्य के समय कश्मीर और कश्मीरियत का बोलबाला पूरे भारत सहित आज के मध्य एशिया तक था। उन्होंने पंजाब के शासक यशोधर्मन को पदच्युत करके पंजाब को कश्मीर राज्य की सीमाओं में मिलाया। ललितादित्य ने अपने सैन्य अभियान से बंगाल, उड़ीसा, बिहार तक अपने साम्राज्य का विस्तार किया और गुजरात, मालवा, मेवाड़ तक आगे ही बढ़ता गया। ललितादित्य के इन सफल सैन्य अभियानों के कारण ही भारत ही नहीं, समूचे विश्व में कश्मीर की धरती के इस पुत्र का नाम रोशन हुआ। इनका राज्य पूर्व में बंगाल तक दक्षिण में कोंकण तक, पश्चिम में तुर्किस्तान और उत्तर–पूर्व में चीन और रूस तक फैला था। सुदूर दक्षिण में विजय के पश्चात् अपना ध्यान इन्होंने उत्तर की ओर लगाया, जिससे उनका साम्राज्य काराकोरम पर्वत श्रृंखला के सुदूरवर्ती कोने तक फैल गया।

ललितादित्य ने रूस, पीकिंग (बीजिंग) को भी जीता और 12 वर्ष के पश्चात् कश्मीर लौटे। कश्मीर उस समय सबसे शक्तिशाली राज्य था, जो ईरान, रूस, चीन तक फैला हुआ था, जिसकी राजधानी प्रवरसेन नगर थी।

योगदान एवं उपलब्धियाँ– ललितादित्य ने अपने सैनिक जीवन के अतिरिक्त भी अनेक क्षेत्रों में रूचि दिखाई। उनके शासनकाल में व्यापार एवं कला को महत्त्व दिया गया। धार्मिक उत्सवों के आयोजन होते थे। चित्रकला एवं मूर्तिकला के क्षेत्रों में ललितादित्य ने विशेष प्रोत्साहन एवं सुविधाएँ प्रदान की। ललितादित्य एक सफल लेखक एवं वीणावादक भी था। निर्माण–कला व जनकल्याण के महान् कार्यों, शिक्षा के प्रति प्रेम, विद्वानों के संरक्षण और दयालु, विजेता रूपी गुणों के कारण उसकी गणना कश्मीर के बड़े–बड़े शासकों में होती है।

सम्राट् ललितादित्य का अत्यंत सुंदर एवं चिरस्मरणीय कार्य उनके द्वारा निर्मित विशाल मार्तंड मंदिर, जिसे सम्राट् ने भगवान भास्कर सूर्यदेव (आदित्य) के सम्मान में बनवाया था। मंदिर के निर्माण की अतुलनीय शैली और इसे बनाने की अतुलनीय क्षमता विश्व के इतिहास में दुर्लभ है।

सम्राट् ललितादित्य के साथ कश्मीर में हिंदू स्वाभिमान का स्वर्णयुग प्रारंभ हुआ। हिंदू धर्म की विशालता, सहिष्णुता का प्रतीक बन गए थे सम्राट् 'ललितादित्य'।

उत्तराधिकारी– 37 वर्ष तक शासन करने के पश्चात् 761 ई. में उनकी मृत्यु हुई। इसके बाद उनके दो पुत्र कुवलयापीड तथा वज्रापीड गद्दी पर बैठे। वज्रापीड ने लगभग 762 ई. में शासन आरंभ किया।

२०

महाराणा बप्पा रावल

राज्य अवधि- 728 से 753 ई.

परिचय- बप्पा रावल मेवाड़ राज्य (गहलौत/सिसोदिया राजवंश) के संस्थापक राजा थे। आगे चलकर इसी राजपूत सिसोदिया वंश में महान् राजपूत राज राणा कुंभा, राणा सांगा एवं महाराणा प्रताप हुए। बप्पा रावल में बप्पा या बापा वास्तव में व्यक्तिसूचक शब्द नहीं है अपितु प्रजा संरक्षण एवं देश रक्षण आदि कामों से प्रभावित होकर ही संभवतः जनता ने इन्हें 'बापा' की पदवी से विभूषित किया था। बप्पा रावल का जन्म 713 ई. में हुआ था, इन्हें 'काल भोज' भी कहा जाता था। बप्पा रावल ने चित्तौड़गढ़ पर राज करनेवाले अंतिम मौर्य शासक मान मौर्य को पराजित करके गुहिवंशीय राज्य की स्थापना की थी।

बप्पा रावल की लगभग 100 पत्नियाँ थीं, जिनमें से 35 मुस्लिम शासकों की बेटियाँ थीं, जिन्हें उन शासकों ने बप्पा रावल के भय से उन्हें ब्याह दी थीं।

बप्पा रावल भगवान् शिव के अनन्य भक्त थे। बप्पा रावल को हारीत ऋषि के द्वारा महादेव जी के दर्शन होने की बात मशहूर है। बप्पा रावल ने उदयपुर के उत्तर में कैलाशपुरी में एकलिंगजी (शिव मंदिर) का प्रसिद्ध मंदिर 734 ई. में बनवाया। इसी मंदिर के निकट हारीत ऋषि का भी आश्रम है।

बप्पा रावल एक न्यायप्रिय शासक थे। वे राज्य को अपना नहीं मानते थे, बल्कि शिवजी के एक रूप 'एकलिंगजी' को ही असली शासक मानते थे और स्वयं उनके प्रतिनिधि के रूप में शासन चलाते थे। लगभग 20 वर्ष तक शासन करने के पश्चात् उन्होंने वैराग्य ले लिया और अपने पुत्र को राज्य भार देकर शिव की उपासना में लग गए।

सिंध में अरबों का शासन स्थापित होने के बाद जिस वीर ने उनको न केवल पूर्व की ओर बढ़ने से सफलतापूर्वक रोका, बल्कि उनको कई बार करारी हार भी दी थी, उसका नाम था बप्पा रावल।

उन्होंने चित्तौड़ को अपनी राजधानी बनाया था। बप्पा रावल की मृत्यु 910 ई. में उदयपुर के निकट नागदा में हुई, जहाँ इनकी समाधि बनी हुई है।

राज्य विस्तार– बप्पा रावल के समय चित्तौड़ पर अंतिम मौर्य शासक मान मौर्य का राज था। उन्होंने 734 ई. में 20 वर्ष की आयु में मान मौर्य को पराजित कर चित्तौड़ दुर्ग पर अधिकार कर लिया। 735 ई. में हज्जात ने मेवाड़ पर अपनी फौज भेजी। बप्पा रावल ने हज्जात की फौज को हज्जात के मुल्क तक खदेड़ दिया। 735 ई में बप्पा रावल का अरब आक्रमणकारियों से युद्ध हुआ, जो राजस्थान की सीमा के भीतर हुआ था, जिसमें बप्पा रावल, प्रतिहार शासक नागभट्ट प्रथम व चालुक्य शासक विक्रमादित्य द्वितीय की सम्मिलित सेना ने अल हकम बिन अलावा, तामीम बिन जैद अल उत्तबी व जुनैद बिन अब्दुल रहमान अलमुरी की सम्मिलित सेना को पराजित किया।

बप्पा रावल ने सिंध के शासक मोहम्मद बिन कासिम को पराजित किया। उन्होंने गजनी के शासक सलीम को भी पराजित किया था। मोहम्मद बिन कासिम से सिंध जीतने के बाद अरबों ने चारों ओर से उन पर धावे करने शुरू कर दिए। उन्होंने चावड़ों, मौर्यों, सैधवों, कच्छेल्लों को हराया। मारवाड़, मालवा, मेवाड़, गुजरात आदि सब भू–भागों पर उनकी सेनाएँ छा गई। उन्होंने अरब आक्रमणकारियों को अरब के रेगिस्तान तक कई बार खदेड़ा और रावलपिंडी, जो कि गजनी प्रदेश का हिस्सा था, वहाँ अपना सैन्य ठिकाना बनाया। इन्हीं बप्पा रावल के नाम पर बाद में उस सैन्य ठिकाने का नाम 'रावलपिंडी' पड़ा, जो वर्तमान में पाकिस्तान में स्थित है।

मुस्लिम शासकों में बप्पा रावल के भय का यह आलम था कि उनसे बचने व उनकी कृपा पाने के लिए 35 से अधिक मुस्लिम शासकों ने अपनी बेटियों की शादी बप्पा रावल से कर दी थी। उन्होंने अरब की हमलावर सेनाओं को कई बार ऐसी करारी हार दी

कि अगले 400 वर्षों तक किसी भी मुस्लिम शासक की हिम्मत भारत की ओर आँख उठाकर देखने को नहीं हुई।

योगदान एवं उपलब्धियाँ– बप्पा रावल के ही कारण उस समय में बार–बार आक्रमण होने के बावजूद अरब हमलावर भारत में अपनी जड़े नहीं जमा पाए। उन्होंने बार–बार उन्हें अरब देशों की सीमाओं तक जाकर खदेड़ा।

एकलिंगजी का प्रसिद्ध शिवमंदिर बप्पा रावल ने ही बनवाया था। आदि वराह मंदिर भी बप्पा रावल ने एकलिंगजी के मंदिर के पीछे बनवाया। वे एक न्यायप्रिय एवं लोकप्रिय शासक थे, जो प्रजा संरक्षण के अपने कार्य में लगे रहते थे। इसी कारण प्रजा ने इन्हें 'बप्प मा बापा' की उपाधि दी।

गौरीशंकर हरीचंद ओझा ने अजमेर के सोने के सिक्कों को बप्पा रावल द्वारा प्रचलित माना है। इसका तौल 115 ग्रेन (65 रत्ती) है। इस सिक्के के सामने की ओर ऊपर के हिस्से में माला के नीचे श्री बोप्प लिखा है। बाईं ओर त्रिशूल है और उसकी दाहिनी तरफ वेदी पर शिवलिंग बना हुआ है। इसके दाहिनी ओर नंदी शिवलिंग की ओर मुख किए बैठे हैं। शिवलिंग और नंदी के बीच दंडवत् करते हुए एक पुरूष की आकृति है। पीछे की तरफ चमर, सूर्य और छत्र के चिन्ह हैं। इन सबके नीचे दाहिनी ओर मुख किए एक गौ खड़ी है और उसी के पास दूध पीता हुआ बछड़ा है। ये सब चिन्ह बप्पा रावल की शिवभक्ति और उनके जीवन की कुछ घटनाओं से संबंधित हैं। बप्पा रावल के जीवन ने तत्कालीन विश्व में इस मिथक को तोड़ने का कार्य किया कि अरब अजेय है।

उत्तराधिकारी– बप्पा रावल ने 753 ई. में 20 वर्षों तक शासन करने के पश्चात् संन्यास ले लिया और एक यति के रूप में जीवन व्यतीत किया। शासन की बागडोर अपने पुत्र महारावल खूमान सिंह को सौंप दी।

२१

महाराजा कृष्ण प्रथम

समय अवधि- 756 ई. से 773 ई. तक।

परिचय- मान्यखेत के राष्ट्रकूट वंश का पहला शासक दंतिदुर्ग (लगभग 756 ई. से 774 ई.) हुआ। 760 ई. चालुक्य शासन कीर्तिवर्मा द्वितीय को पराजित कर उसने कर्नाटक पर अधिकार कर लिया तथा मान्यखेत (मालखेड़, गुलबर्गा, कर्नाटक) के अपनी राजधानी बनाया।

राष्ट्रकूटों की इसी शाखा ने इतिहास में सर्वाधिक ख्याति प्राप्त की। राष्ट्रकूट वंश की स्वतंत्रता का जन्मदाता और प्रथम शासक दंतिदुर्ग था। दंतिदुर्ग ने 756 ई. के लगभग तक शासन किया। वह निःसंतान मरा, अतः उसके बाद उसका चाचा कृष्ण प्रथम शासक बना था। यह भी दंतिदुर्ग के समान एक साम्राज्यवादी शासक था। वेग्रमा तथा सूरत के दानपत्रों से पता चलता है कि उसने 'राद्धप्पा' नामक किसी शासक को पराजित कर उसकी पालिध्वज पताका को छीन लिया तथा 'राजाधिराज परमेश्वर' की उपाधि ग्रहण की। लगभग 756 ई. में अपने भतीजे दंतिदुर्ग की मृत्यु के बाद 45 वर्ष की अवस्था में वह गद्दी पर बैठा।

राज्य विस्तार– कृष्ण प्रथम एक योग्य शासक तथा कुशल योद्धा सिद्ध हुआ। उसने दक्षिण में अपनी स्थिति सर्वोच्च बना ली। दंतिदुर्ग ने चालुक्य नरेश को परास्त अवश्य किया था, परंतु वह उसका उन्मूलन नहीं कर सका था, कृष्ण प्रथम ने 760 ई. के लगभग उसकी शक्ति का पूरी तरह से विनाश कर दिया। परवर्ती चालुक्य लेखों से स्पष्ट होता है कि 'चालुक्यों' की ख्याति का अंत कीर्तिवर्मा के साथ ही हो गया। कृष्ण प्रथम के साथ युद्ध में कीर्तिवर्मा तथा उसके सभी पुत्र मार डाले गए तथा समस्त कर्नाटक के ऊपर राष्ट्रकूटों का अधिकार हो गया। कृष्ण प्रथम ने गंगो की राजधानी मान्यपुर (बंगलौर स्थित मन्नपुर) पर अधिकार कर लिया। गंग नरेश श्रीपुरूष को एक छोटे भाग पर सामंत रूप में शासन की अनुमति प्रदान कर 769 ई. में कृष्ण अपनी राजधानी वापस लौट आया। कृष्ण ने अपने बड़े पुत्र गोविंद को युवराज बनाया तथा उसे वेंगी के पूर्वी चालुक्यों पर आक्रमण करने के लिए भेजा, इसमें गोविंद को सफलता भी मिली। इस विजय के फलस्वरूप वेंगी–राज्य का अधिकांश भाग राष्ट्रकूट साम्राज्य में मिला लिया गया। विंध्य पर्वत के दक्षिण की कोई भी शक्ति अब उसका सामना करने में समर्थ नहीं रही। उसने राष्ट्रकूट साम्राज्य को अत्यंत विस्तृत कर दिया। उसके साम्राज्य में

संपूर्ण महाराष्ट्र एवं कर्नाटक तथा आंध्र प्रदेश का एक बड़ा भाग शामिल था। इस प्रकार उसने अपने उत्तराधिकार के लिए वह मार्ग प्रशस्त किया, जिससे वे उत्तर भारत की राजनीति में भाग ले सकें। विजेता होने के साथ–साथ कृष्ण प्रथम एक महान् निर्माता भी था।

राज्य संचालन- राष्ट्रकूट शासन में राजा की स्थिति सर्वाधिक महत्त्वपूर्ण एवं सर्वोच्च होती थी। महाराजाधिराज परमभट्टारक जैसी उच्च सम्मानपरक उपाधियों के अतिरिक्त राष्ट्रकूट शासन धारावर्ष, अकालवर्ष, सुवर्णपर्व, विक्रमावलोक, जगत्तुंग जैसी व्यक्तिगत उपाधियाँ भी धारण करते थे। राजपद आनुवंशिक होता था। राजा का बड़ा पुत्र ही उसकी मृत्यु के बाद राज्य का उत्तराधिकारी बनता था, किंतु कभी–कभी दूसरे योग्य व्यक्ति को भी शासक बना दिया जाता था।

राष्ट्रकूट शासक अपनी राजधानी में रहता था, जहाँ उसकी राजसभा तथा केंद्रीय प्रशासन के कर्मचारी रहते थे। सम्राट् अपनी मंत्रिपरिषद् के परामर्श से शासन करता था। राष्ट्रकूट लेखों में मंत्रियों के विभागों के नाम नहीं मिलते हैं। राष्ट्रकूट शासन में सामंतवाद की पूर्ण प्रतिष्ठा हो चुकी थी। दक्षिणी गुजरात आदि प्रदेशों के सामंत तो पूरी स्वायत्तता का उपयोग करते थे तथा नाममात्र के लिए ही सम्राट् की अधीनता स्वीकार करते थे। सम्राट् के सीधे नियंत्रणवाले क्षेत्र को कई राष्ट्रों में बाँटा गया था। 'राष्ट्र' आधुनिक कमिश्नरियों के समान थे। इसका प्रधान अधिकारी 'राष्ट्रपति' कहलाता था। वह नागरिक तथा सैनिक, दोनों ही प्रकार के शासन का प्रधान होता था। उसके अधीन सेना भी होती थी। प्रत्येक राष्ट्र में कई 'विषय' होते थे, जो आधुनिक जिले के समान थे। इनमें एक हजार से लेकर चार हजार तक गाँव होते थे। विषय का विभाजन कई 'मुक्तियों' में हुआ था, जो आधुनिक तहसीलों के समान थीं।

राष्ट्र-निर्माण में योगदान- विजेता होने के साथ–साथ कृष्ण प्रथम एक महान् निर्माता भी था। उसने एलोरा के प्रसिद्ध कैलाश

मंदिर का निर्माण करवाया था। वह एक धर्मनिष्ठ व्यक्ति भी था, जिसने ब्राह्मणों को प्रभूत धन दान में दिया था। उसने 774 ई. तक शासन किया। उत्साही विजेता होने के साथ ही साथ राष्ट्रकूट शासक धर्म, साहित्य और कला में भी गहरी अभिरूचि रखते थे तथा शांति के काल में किए गए उनके कार्य भी कम प्रशंसनीय नहीं हैं। मंदिरों में 'कैलाश मंदिर' अपनी आश्चर्यजनक शैली के लिए विश्व–प्रसिद्ध है। इसका निर्माण कृष्ण प्रथम ने अत्यधिक धन व्यय करके करवाया था। यह प्राचीन भारतीय वास्तु एवं तक्षण कला का सर्वोत्कृष्ट उदाहरण है। यह संपूर्ण मंदिर एक ही पाषाण को काटकर बनाया गया है।

२२

महाराजा देवपाल

समय अवधि- 810 ई. से 850 ई.।

विस्तृत परिचय- पालवंश का इतिहास हमें साहित्य तथा उसके अनेक अभिलेखों से ज्ञात होता है। धर्मपाल का खालीमपुर लेख, देवपाल का मुंगेर लेख, नारायणपाल का भागलपुर ताम्रपत्राभिलेख,

महीपाल प्रथम के बानगढ़ उपर्युक्त लेखों के अतिरिक्त अन्य लेख भी प्राप्त हुए हैं। इनसे पालवंश की उत्पत्ति तथा उपलब्धियों पर प्रकाश पड़ता है। शशांक की मृत्यु के पश्चात् (637 ई.) लगभग एक शताब्दी तक बंगाल में अराजकता और अव्यवस्था का वातावरण व्याप्त रहा। इस अव्यवस्था से ऊबकर बंगाल के प्रमुख नागरिकों ने गोपाल नामक एक सुयोग्य सेनानायक को अपना राजा बनाया। यह एक क्षत्रिय राजवंश था, जिसने बंगाल में लगभग चार वर्षों तक राज किया। पालवंश के संस्थापक गोपाल के बाद उसका सुयोग्य पुत्र धर्मपाल पालवंश का राजा हुआ। इसने पालवंश को स्थापित किया, जिसको आगे बढ़ाया इसके पुत्र देवपाल ने।

देवपाल धर्मपाल की राष्ट्रकूटवंशीया पत्नी रत्नादेवी से उत्पन्न हुआ था। देवपाल ने धर्मपाल की तरह परमेश्वर, परमभट्टारक, महाराजाधिराज जैसी उच्च सम्मानपरक उपाधियाँ धारण कीं। वह पालवंश का सबसे शक्तिशाली शासक था। उसने न केवल अपने पिता के साम्राज्य को सुरक्षित रखा, अपितु उसे विस्तृत भी किया। देवपाल का शासनकाल बंगाल के इतिहास में सर्वाधिक गौरवशाली युग का निर्माण करता है।

राज्य विस्तार– मुंगेर लेख से पता चलता है कि उसने विंध्यपर्वत तथा कंबोज तक सैनिक अभियान किया। नारायणपाल के समय के बादल लेख से भी देवपाल की विजयों पर कुछ प्रकाश पड़ता है, "उसकी कूटनीति ने रेवा (नर्मदा) के पिता विंध्याचल तथा गौरी के पिता हिमाचल के बीच बसे हुए पश्चिमी समुद्र (अरब सागर) से पूर्वी समुद्र (बंगाल की खाड़ी) तक के संपूर्ण क्षेत्र को देवपाल का कर दाता बना दिया।

बादल लेख से पता चलता है कि उसने उत्कलों को उखाड़ फेंका, हूणों के गर्व को चूर्ण किया तथा द्रविड़ और गुर्जर राजाओं के अभियान को विदीर्ण कर समुद्रों से घिरी हुई समस्त पृथ्वी पर

शासन किया। इन विवरणों को हम कोरी कल्पना नहीं मान सकते हैं। तिब्बती लेखक तारानाथ भी देवपाल द्वारा उड़ीसा की विजय की बात की पुष्टि करता है। देवपाल ने राष्ट्रकूट नरेश अमोघवर्ष के ऊपर आक्रमण कर उसे परास्त किया था। देवपाल के मुंगेर लेख से पता चलता है कि उत्कल अभियान के बाद उसने सुदूर दक्षिण के अभियान में कांची के पल्लवों को भी नतमस्तक किया है। देवपाल ने कामरूप के शासक को भी परास्त किया।

इस प्रकार देवपाल अपने वंश का महानतम शासक था, जिसके नेतृत्व में पाल साम्राज्य अपने उत्कर्ष की पराकाष्ठा पर पहुँच गया। पाल इतिहास में यह पहला अवसर था, जबकि उसका प्रभाव असम, उड़ीसा तथा सुदूर दक्षिण में व्याप्त हो गया। अपने जीवनपर्यन्त उसने इस विस्तृत साम्राज्य पर शासन किया।

राज्य संचालन– प्रशासन का कार्य राजा अपने अमात्यों के सहयोग से चलाते थे। देवपाल ने प्रशासन कार्यों में अपने योग्य तथा अनुभवी मंत्री दर्भपाणि और केदार मिश्र से पर्याप्त सहायता प्राप्त की थी, जबकि उसका चचेरा भाई जयपाल उसकी सैनिक विजयों में प्रमुख सहायक था। अपने पिता की भाँति देवपाल भी बौद्ध मतानुयायी था। लेखों में उसे भी 'परम सौगत' कहा गया है। उसने बौद्ध विहारों के निर्माण में योगदान दिया। वे धर्मसहिष्णु शासक थे और उन्होंने ब्राह्मणों को भी दान दिया तथा मंदिरों का निर्माण करवाया। पाल वंश भारतीय परंपरा का वाहक था। बौद्ध धर्म समता, समानता के साथ सनातन परंपरा का भी रक्षक था, साथ ही भारतीय भूभाग को एक शक्ति के अंतर्गत समेटे रखा। इतिहास गवाह है कि इस राजवंश ने विदेशियों के लिए जगह नहीं छोड़ी। पालवंश का राज्य–संचालन अन्य राज्यों की तरह अमात्यों और सामंतों के साथ राजा के अधीन और राजपरिवार के सदस्यों के सहयोग से चलाया जा रहा था। यह एक बौद्धिक वर्ग को बढ़ाने वाला, साथ में उसको राज्य–संचालन में प्रयोग करनेवाला राजवंश था। देवपाल

का राज्य–संचालन भारतीय इतिहास का सबसे अच्छा राज्य–संचालन था।

राष्ट्र के लिए योगदान– पाल राजवंश का शासनकाल प्राचीन भारतीय इतिहास के उन राजवंशों में है, जिन्होंने सबसे लंबे समय तक राज किया। चार सौ वर्षों के उनके दीर्घकालीन शासन में बंगाल का राजनीतिक तथा सांस्कृतिक, साथ ही शैक्षणिक; सभी दृष्टियों से अभूतपूर्व विकास हुआ। पालवंशी शासकों ने शिक्षा और साहित्य के विकास को भी प्रोत्साहन प्रदान किया। सोमपुरी, उदंतपुरी तथा विक्रमशिला में शिक्षण संस्थाओं की स्थापना हुई। इनमें विक्रमशिला कालांतर में एक ख्यातिप्राप्त अंतर्राष्ट्रीय विश्वविद्यालय बन गया। धर्मपाल ने इसकी स्थापना की थी, देवपाल ने इसको स्थायित्व प्रदान किया। यहाँ विभिन्न देशों, विशेषकर तिब्बत के विद्यार्थी शिक्षा ग्रहण करने के लिए आते थे। उनके आवास तथा भोजन की व्यवस्था और विश्वविद्यालय का खर्च राजाओं तथा कुलीन नागरिकों द्वारा दिए गए दान आदि से चलता था। बारहवीं शती तक इस शिक्षा केंद्र की उन्नति होती रही। 1203 ई. में मुस्लिम आक्रांता बख्तियार खिलजी ने इसे ध्वस्त कर दिया। इस काल के प्रमुख विद्वानों ने संध्याकर नंदी का नाम उल्लेखनीय है। उन्होंने 'रामचरित' नामक ऐतिहासिक काव्य–ग्रंथ की रचना की। देवपाल का चालीस वर्षों का शासन शांति एवं समृद्धि का काल रहा।

उत्तराधिकारी– देवपाल का शासनकाल काल शक्ति के चरमोत्कर्ष को व्यक्त करता है। इसके बाद पाल साम्राज्य की अवनति प्रारंभ हुई। देवपाल का उत्तराधिकारी विग्रहपाल हुआ, जिसने पुत्र नारायणपाल के पक्ष में सिंहासन त्यागकर संन्यास ग्रहण कर लिया। दोनों निर्बल शासक सिद्ध हुए।

पालवंश के इतिहास के अध्ययन से पता चलता है कि पिता के बाद ज्येष्ठ पुत्र सिंहासन पर बैठता है। गोपाल–धर्मपाल और देवपाल के बाद पुत्र विग्रहपाल, बाद में राज्यपाल, गोपाल तथा उसके बाद में

विग्रहपाल द्वितीय शासक हुए। इन राजाओं के काल में पाल–शक्ति का ह्रास हुआ। पालवंश जब बिहार में सिमटकर रह गया, उस समय महिपाल बड़ा ही शक्तिशाली शासक हुआ। महिपाल ने लुप्तप्रायः प्रतिष्ठा को पुनः स्थापित किया। इसके बाद इसके उत्तराधिकारी निर्बल सिद्ध हुए और बारहवीं शताब्दी के अंत में बंगाल का पाल राज्य सेन वंश के अधिकार में चला गया।

बाद के कमजोर उत्तराधिकारियों के बाद भी पाल राजवंश एक शक्तिशाली और 400 वर्ष तक शासन करने वाला राजवंश था। भारत के उत्तर और दक्षिण, दोनों भागों में राज करने वाला सबसे शक्तिशाली राजवंश था।

२३

सम्राट् मिहिरभोज प्रतिहार (गुर्जरेश्वर)

समय अवधि- 836 ई. से 885 ई. तक।

परिचय- सम्राट् मिहिरभोज का जन्म विक्रम संवत् 873 (816 ई.) को हुआ था। उसको कई नामों से जाना जाता है, जैसे भोजराज, भोजदेव, मिहिर, आदिवराह एवं प्रभास। उसका राज्याभिषेक विक्रम

संवत् 893 यानी 18 अक्टूबर दिन बुधवार 836 ई. में 20 वर्ष की आयु में हुआ था और इसी दिन 18 अक्टूबर को ही हर वर्ष भारत में उनकी जयंती मनाई जाती है। इनके दादा का नाम नागभट्ट द्वितीय था, उनका स्वर्गवास विक्रम संवत् 890 (833 ई. भादों मास की शुक्ल पक्ष की पंचमी' को हुआ। इनके पिता का नाम रामभद्र और माता का नाम अप्पादेवी था। माता–पिता ने सूर्य की उपासना की थी, जिसके फलस्वरूप उन्हें मिहिरभोज के रूप में पुत्र की प्राप्ति हुई थी। सम्राट्, मिहिरभोज की पत्नी का नाम चंद्रभट्टारिका देवी था, जो भाटी राजपूत वंश की थीं। इनके पुत्र का नाम महेंद्रपाल प्रतिहार था, जो सम्राट् मिहिरभोज के स्वर्गवास के उपरांत कन्नौज की गद्दी पर बैठा। विक्रम संवत् 945 (888 ई.) में 72 वर्ष की आयु में सम्राट् मिहिरभोज प्रतिहार का स्वर्गवास हुआ।

बचपन से ही बहादुर और निडर– मिहिरभोज प्रतिहार बचपन से ही वीर बहादुर माने जाते थे। एक बालक होने के बावजूद देश के प्रति अपनी जिम्मेदारी को महसूस करते हुए उन्होंने युद्धकला और शस्त्रविद्या में कठिन प्रशिक्षण लिया। राजकुमारों में सबसे प्रतापी, प्रतिभाशाली और मजबूत होने के कारण पूरा राजवंश और विदेशी आक्रमणों के समय देश के अन्य राजवंश भी उनसे बहुत उम्मीद रखते थे और देश के बाकी वंश उस भरोसे पर खरे उतरने वाले थे।

सम्राट् मिहिरभोज गुणी, बलवान, न्यायप्रिय, सनातन धर्म के रक्षक, प्रजा हितैषी एवं राष्ट्ररक्षक थे। सम्राट् मिहिरभोज प्रतिहार शिवशक्ति के उपासक थे और उन्होंने म्लेच्छों अरब, मुगल, कुषाण और हूण से पृथ्वी की रक्षा की थी। उन्हें वराह यानी भगवान् विष्णु का अवतार भी बताया गया है। उनके द्वारा चलाए गए सिक्कों पर वराह की आकृति बनी हुई है। अरब यात्री सुलेमान ने अपनी पुस्तक सिलसिला तारिका– उत– 851 ई. में लिखा है कि सम्राट् मिहिरभोज प्रतिहार के पास ऊँटों, घोड़ों व हाथियों की बड़ी विशाल

एवं सर्वश्रेष्ठ सेना है। उनके राज्य में व्यापार सोने व चाँदी के सिक्कों से होता है। उनके राज्य में सोने व चाँदी की खानें भी हैं। उनके राज्य में चोर–डाकुओं का भय नहीं है। भारतवर्ष में मिहिरभोज प्रतिहार से बड़ा इस्लाम का अन्य कोई शत्रु नहीं है। मिहिरभोज के राज्य की सीमाएँ दक्षिण के राष्ट्रकूटों के राज्य, पूर्व में बंगाल के शासक पालवंश और पश्चिम में मुल्तान के मुस्लिम शासकों से मिली हुई हैं।

प्रतिहार वंश ने अरबों से 300 वर्ष तक लगभग 200 से ज्यादा युद्ध किए, जिसका परिणाम है कि हम आज यहाँ सुरक्षित हैं। प्रतिहारों ने अपनी वीरता, शौर्य, कला का प्रदर्शन कर सभी को आश्चर्यचकित किया। भारत देश हमेशा ही प्रतिहारों का ऋणी रहेगा, उनके अद्भुत शौर्य और पराक्रम का, जो उन्होंने अपनी मातृभूमि के लिए न्योछावर किया है, जिसे सभी विद्वानों ने भी माना है। प्रतिहार साम्राज्य ने दस्युओं, डकैतों, अरबों, हूणों से देश को बचाए रखा और देश की स्वतंत्रता पर आँच नहीं आने दी। इनका राजशाही प्रतीक 'वराह' है। ठीक उसी समय मुस्लिम धर्म का जन्म हुआ और इनके प्रतिरोध के कारण ही उन्हें हिंदुस्तान में अपना राज कायम करने में 300 साल लग गए। इनके राजशाही निशान 'वराह' को विष्णु का अवतार माना है, प्रतिहार मुसलमानों के कट्टर शत्रु थे।

मिहिरभोज की सेना– सम्राट् मिहिरभोज के पूर्वज नागभट्ट प्रथम (730–760 ई.) ने स्थायी सेना संगठित कर उसको नगद वेतन देने की प्रथा जो सर्वप्रथम चलाई, वह मिहिरभोज के समय और पक्की हो गई थी। विक्रम संवत् 972 (915 ई.) में भारत भ्रमण पर आए बगदाद के इतिहासकार अलमसूदी ने अपनी किताब 'मिराजुल–जहाब' में इस महाशक्तिशाली, महापराक्रमी सेना का विवरण दिया है। उसने इस सेना की संख्या लाखों में बताई है, जो चारों दिशाओं में लाखों की संख्या में रहती है। प्रसिद्ध इतिहासकार के.एम. मुंशी ने सम्राट् मिहिरभोज प्रतिहार की तुलना गुप्तवंशीय सम्राट् समुद्रगुप्त और

मौर्यवंशीय सम्राट् चंद्रगुप्त से इस प्रकार की है कि सम्राट् मिहिरभोज प्रतिहार इन सभी में बहुत महान् थे, क्योंकि तत्कालीन भारतीय धर्म एवं संस्कृति के लिए जो चुनौती अरब के इस्लामिक विजेताओं की फौजों द्वारा प्रस्तुत की गई, वह समुद्रगुप्त, चंद्रगुप्त आदि के समय उपस्थित नहीं थी और न ही उनका मुकाबला अरबों जैसे अत्यंत प्रबल शत्रुओं से हुआ था। भारत के इतिहास में मिहिरभोज से बड़ा आज तक कोई भी सनातन धर्मरक्षक एवं राष्ट्ररक्षक नहीं हुआ। एक ऐसा हिंदू क्षत्रिय योद्धा अरबों का सबसे बड़ा दुश्मन, जिसने लगभग 40 युद्ध कर अरबों को भारत से पलायन करने पर मजबूर कर दिया एवं सनातन धर्म की रक्षा की, ऐसे थे महान् चक्रवर्ती सम्राट् मिहिरभोज प्रतिहार, जिन्होंने भारत पर 50 वर्ष शासन किया।

विश्व की सुगठित और विशालतम सेना– मिहिरभोज प्रतिहार की सेना में 8,00,000 से ज्यादा पैदल, करीब 90,000 घुड़सवार, हजारों हाथी और हजारों रथ थे। मिहिरभोज के राज्य में सोना और चाँदी सड़कों पर बिखरा था, किंतु चोरी–डकैती का भय किसी को नहीं था। जरा हर्षवर्धन के राज्यकाल से तुलना करिए। हर्षवर्धन के राज्य में लोग घरों में ताले नहीं लगाते थे, पर मिहिरभोज के राज्य में खुली जगहों में भी चोरी की आशंका नहीं रहती थी।

वृहद् इतिहास– एक ऐसा राजा, जिसने अरब–तुर्क आक्रमणकारियों को भागने पर विवश कर दिया और जिसके युग में भारत सोने की चिड़िया कहलाया। नवमीं शताब्दी में परिहार क्षत्रिय वंश के सम्राट् मिहिरभोज भारत का सबसे महान् शासक था। उसका साम्राज्य आकार, व्यवस्था, प्रशासन और नागरिकों की धार्मिक स्वतंत्रता के लिए चक्रवर्ती गुप्त सम्राटों के समकक्ष एवं सर्वोत्कृष्ट था। भारतीय संस्कृति के शत्रु म्लेछों, यानी मुस्लिम तुर्कों–अरबों को पराजित ही नहीं किया अपितु उन्हें इतना भयाक्रांत कर दिया था कि वे आगे आने वाली एक शताब्दी तक भारत की ओर आँख उठाकर देखने का भी साहस नहीं कर सकें। चुंबकीय व्यक्तित्व के सम्राट् मिहिरभोज

की बड़ी–बड़ी भुजाएँ एवं विशाल नेत्र लोगों में सहज ही प्रभाव एवं आकर्षण पैदा करते थे। वे महान् धार्मिक, प्रबल पराक्रमी, प्रतापी, राजनीति निपुण, महान् कूटनीतिज्ञ, उच्च संगठक, सुयोग्य प्रशासक, लोककल्याणरंजक तथा भारतीय संस्कृति के निष्ठावान उपासक थे। ऐसा राजा, जिसका साम्राज्य संसार में सबसे शक्तिशाली था। इनके साम्राज्य में चोर–डाकुओं का कोई भय नहीं था। सुदृढ़ व्यवस्था व आर्थिक संपन्नता इतनी थी कि विदेशियों ने भारत को सोने की चिड़िया कहा। यह जानकर अफसोस होता है कि ऐसे अतुलित शक्ति, शौर्य एवं समानता के धनी मिहिरभोज को भारतीय इतिहास की किताबों में स्थान नहीं मिला। सम्राट् मिहिरभोज प्रतिहार के शासनकाल में सर्वाधिक अरबी मुस्लिम लेखक भारत भ्रमण के लिए आए और लौटकर उन्होंने भारतीय संस्कृति–सभ्यता, आध्यात्मिक–दार्शनिक, ज्ञान–विज्ञान, आयुर्वेद, सहिष्णु, सार्वभौमिक समरस जीवन–दर्शन को अरब जगत् सहित यूनान और यूरोप तक प्रचारित किया।

क्या आप जानते हैं कि सम्राट् मिहिरभोज ऐसे शासक थे, जिसने आधे से अधिक विश्व को अपनी तलवार के जोर पर अधिकृत कर लेने वाले ऐसे अरब तुर्क मुस्लिम आक्रमणकारियों को भारत की धरती पर पाँव नहीं रखने दिया, उनके सम्मुख सुदृढ़ दीवार बनकर खड़े हो गए। उसकी शक्ति और प्रतिरोध से इतने भयाक्रांत हो गए कि उन्हें छिपने के लिए जगह ढूँढना कठिन हो गया था। ऐसा किसी भारतीय लेखक ने नहीं बल्कि मुस्लिम इतिहासकारों– बिलादुरी सलमान एवं अलम सूदी ने लिखा है। ऐसे महान् सम्राट् मिहिरभोज ने 836 ई. से 885 ई. तक लगभग 50 वर्षों के सुदीर्घ काल तक शासन किया।

मिहिरभोज के साम्राज्य का विस्तार आज के मुलतान से पश्चिम बंगाल तक और कश्मीर से कर्नाटक तक था। सम्राट् मिहिरभोज बलवान, न्यायप्रिय और धर्म रक्षक थे। मिहिरभोज शिव एवं भगवती

के उपासक थे। स्कंदपुराण के प्रभास खंड में भगवान् शिव के प्रभास क्षेत्र में स्थित शिवालयों व पीठों का उल्लेख है। प्रतिहार साम्राज्य के काल में सोमनाथ को भारतवर्ष के प्रमुख तीर्थ स्थानों में माना जाता था। प्रभास क्षेत्र की प्रतिष्ठा काशी विश्वनाथ के समान थी। स्कंद पुराण के प्रभास खंड के सम्राट् मिहिरभोज के जीवन के बारे में विवरण मिलता है। मिहिरभोज के संबंध में कहा जाता है कि वे सोमनाथ के परम भक्त थे, उनका विवाह भी सौराष्ट्र में ही हुआ था, उन्होंने म्लेच्छों से पृथ्वी की रक्षा की। 50 वर्ष तक राज करने के पश्चात् वे अपने पुत्र महेंद्रपाल प्रतिहार को राज–सिंहासन सौंपकर संन्यासवृत्ति के लिए वन में चले गए थे। सम्राट् मिहिरभोज ने 836 ई. में कन्नौज को देश की राजधानी बनाने के स्मृतिस्वरूप अपनी मुद्रा प्रचलित की थी।

मिहिरभोज राज्य की सीमाएँ दक्षिण में राष्ट्रकूटों के राज्य, पूर्व में बंगाल के पाल शासक और पश्चिम में मुलतान के शासकों की सीमाओं को छूती थीं। शत्रु उनकी क्रोधाग्नि के सम्मुख टिक नहीं पाते थे। धर्मात्मा, साहित्यकार व विद्वान् उनकी सभा में सम्मान पाते थे। उनके दरबार में राजशेखर कवि ने कई प्रसिद्ध ग्रंथों की रचना की।

कश्मीर के राजकवि कल्हण ने अपनी पुस्तक 'राजतरंगिणी' में सम्राट् मिहिरभोज का उल्लेख किया है। उनका विशाल साम्राज्य बहुत से राज्य मंडलों आदि में विभक्त था। उन पर अंकुश रखने के लिए दंडनायक स्वयं सम्राट् द्वारा नियुक्त किए जाते थे। योग्य सामंतों के सुशासन के कारण समस्त साम्राज्य में पूर्ण शांति व्याप्त थी। सामंतों पर सम्राट् का दंडनायकों द्वारा पूर्ण नियंत्रण था। किसी को आज्ञा का उल्लंघन करने व सिर उठाने की हिम्मत नहीं होती थी।

शासन व्यवस्था– सम्राट् मिहिरभोज प्रतिहार वीरता, शौर्य और पराक्रम के प्रतीक हैं। उन्होंने विदेशी साम्राज्यों के खिलाफ लड़ाई

लड़ी और अपनी पूरी जिंदगी म्लेच्छों से अपनी पृथ्वी की रक्षा करने में बिता दी। सम्राट् मिहिरभोज बलवान, न्यायप्रिय और धर्मरक्षक सम्राट् थे। सिंहासन पर बैठते ही मिहिरभोज ने सर्वप्रथम कन्नौज राज्य की व्यवस्था को चुस्त–दुरूस्त किया, प्रजा पर अत्याचार करने वाले सामंतों और रिश्वत खाने वाले कामचोर कर्मचारियों को कठोरतापूर्वक दंडित किया। व्यापार और कृषि कार्य को इतनी सुविधाएँ प्रदान कीं कि सारा साम्राज्य धनधान्य से लहलहा उठा। मिहिरभोज ने प्रतिहार राजपूत साम्राज्य को धन, वैभव के चरमोत्कर्ष पर पहुँचाया। अपने उत्कर्ष काल में उसे 'सम्राट्' मिहिरभोज प्रतिहार की उपाधि मिली थी। अनेक काव्यों एवं इतिहास में उसे कई महान् विशेषणों से वर्णित किया जाता है।

वराह उपाधि– सम्राट् मिहिरभोज महान् के सिक्के पर वराह भगवान्, जिन्हें भगवान् विष्णु के अवतार के रूप में जाना जाता है। वराह भगवान् ने हिरण्याक्ष राक्षस को मारकर पृथ्वी को पाताल से निकालकर उसकी रक्षा की थी। सम्राट् मिहिरभोज प्रतिहार का नाम 'आदिवराह' भी है। ऐसा होने के पीछे यह मुख्य कारण है। जिस प्रकार वराह (विष्णुजी) भगवान् ने पृथ्वी की रक्षा की थी और हिरण्याक्ष का वध किया था, ठीक उसी प्रकार मिहिरभोज ने म्लेच्छों को मारकर अपनी मातृभूमि की रक्षा की। इसलिए इन्हें आदिवराह की उपाधि दी गई।

उपासक– सम्राट् मिहिरभोज प्रतिहार शिवशक्ति के उपासक थे। स्कंदपुराण के प्रभास खंड में भगवान् शिव के प्रभास क्षेत्र में स्थित शिवालयों व पीठों का उल्लेख है। प्रतिहार साम्राज्य के काल में सोमनाथ को भारतवर्ष के प्रमुख तीर्थ स्थानों में माना जाता था। प्रभास क्षेत्र की प्रतिष्ठा काशी विश्वनाथ के समान थी। स्कंद पुराण के प्रभास खंड में सम्राट् मिहिरभोज प्रतिहार के जीवन के बारे में विवरण मिलता है। मिहिरभोज के सबंध में कहा जाता है कि वे सोमनाथ के परम भक्त थे, उनका विवाह भी सौराष्ट्र में ही हुआ

था। उन्होंने म्लेच्छों से पृथ्वी की रक्षा की। 50 वर्ष तक राज करने के पश्चात् वे अपने बेटे महेंद्रपाल प्रतिहार को राजसिंहासन सौंपकर संन्यावृत्ति के लिए वन में चले गए थे। सम्राट् मिहिरभोज का सिक्का, जो कन्नौज की मुद्रा था, को सम्राट् मिहिरभोज ने 836 ई. में कन्नौज को देश की राजधानी बनाने पर चलाया था।

धन व्यवस्था– सम्राट् मिहिरभोज प्रतिहार महान् के सिक्के पर वराह भगवान हैं, जिन्हे भगवान् विष्णु को अवतार माना जाता है। इनके पूर्वज सम्राट् नागभट्ट प्रथम ने स्थायी सेना संगठित कर उसको नगद वेतन देने की जो प्रथा चलाई, वह इस समय में और भी पक्की हो गई और प्रतिहार साम्राज्य की महान् सेना खड़ी हो गई। यह भारतीय इतिहास का पहला उदाहरण है, जब किसी सेना को नगद वेतन दिया जाता हो।

मिहिरभोज के पास ऊँटो, हाथियों और घुड़सवारों की दुनिया की सर्वश्रेष्ठ सेना थी। इनके राज्य में व्यापार सोने–चाँदी के सिक्कों से होता था। इनके राज्य में सोने और चाँदी की खानें भी थीं। मिहिरभोज ने प्रतिहार साम्राज्य को धन–वैभव के चरमोत्कर्ष पर पहुँचाया।

वह वैध उत्तराधिकारी साबित हुए– मिहिरभोज प्रतिहार राजपूत साम्राज्य के सबसे प्रतापी सम्राट् हुए। उनके राजगद्दी पर बैठते ही जैसे देश की हवा ही बदल गई। मिहिरभोज की वीरता के किस्से पूरी दुनिया में मशहूर हुए। विदेशी आक्रमणों के समय भी लोग अपने काम में निडर लगे रहते थे। गद्दी पर बैठते ही उन्होंने देश के लुटेरों, शोषण करनेवालों, गरीबों को सताने वालों का चुन–चुनकर सफाया कर दिया। उनके समय में खुले घरों में भी चोरी नहीं होती थी।

अरबी लेखों में मिहिरभोज का यशोगान

अरब यात्री सुलेमान– (पुस्तक सिलसिलीउत तवारीख 851 ई.)

जब वह भारत भ्रमण पर आया था। सुलेमान सम्राट् मिहिरभोज के बारे में लिखता है कि इस सम्राट् की बड़ी भारी सेना है। उसके समान किसी राजा के पास उतनी बड़ी सेना नहीं है। सुलेमान ने यह भी लिखा है कि 'भारत में सम्राट् मिहिरभोज से बड़ा इस्लाम का कोई शत्रु नहीं है। मिहिरभोज के पास ऊँटों, हाथियों और घुड़सवारों की सर्वश्रेष्ठ सेना है। इसके राज्य में व्यापार, सोना–चाँदी के सिक्कों से होता है।' यह भी कहा जाता है कि उसके राज्य में सोने और चाँदी की खानें भी थीं।

बगदाद का निवासी अल मसूदी– (915 ई. से 916 ई.) वह कहता है कि (जुज्र) प्रतिहार साम्राज्य में 1,80,000 गाँव, नगर तथा ग्रामीण क्षेत्र थे तथा यह दो किलोमीटर लंबा और दो हजार किलोमीटर चौड़ा था। राजा की सेना के चार अंग थे और प्रत्येक में सात लाख से नौ लाख सैनिक थे। उत्तर की सेना लेकर वह मुलतान के बादशाह और दूसरे मुसलमानों के विरूद्ध युद्ध लड़ता था। उसकी घुड़सवार सेना देश भर में प्रसिद्ध थी। जिस समय अल मसूदी भारत आया था, उस समय मिहिरभोज तो स्वर्ग सिधार चुके थे, परंतु प्रतिहार शक्ति के विषय में अल मसूदी का उपरोक्त विवरण मिहिरभोज के प्रताप से खड़े साम्राज्य की ओर संकेत करते हुए अंततः स्वतंत्रता संघर्ष के इसी स्मारक पर फूल चढ़ाता सा प्रतीत होता है। समकालीन अरब यात्री सुलेमान ने सम्राट् मिहिरभोज को भारत में इस्लाम का सबसे बड़ा दुश्मन करार दिया था; क्योंकि प्रतिहार राजपूत राजाओं ने 11वीं सदी तक इस्लाम को भारत में घुसने नहीं दिया था। मिहिरभोज के पौत्र महिपाल को आर्यावर्त का महान् सम्राट् कहा जाता था।

प्रतिहार शैली कला– भारत में कोई ऐसा स्थान नहीं बचा, जहाँ प्रतिहारों ने अपनी तलवार और निर्माण कला का जौहर न दिखाया हो। प्रतिहारों ने सैकड़ों मंदिर व किलों का निर्माण कराया था, जिसमें सहस्रबाहु मंदिर, बटेश्वर मंदिर, कुचामल किला, मिहिर किला, पडावली मंदिर, गुर्जर बावड़ी, चौंसठ योगिनी मंदिर आदि,

इनके अलावा सैकड़ों क्षेत्र एवं स्थान हैं, जहाँ प्रतिहारों ने अपनी कलात्मक रूचियों को मूर्तरूप दिया।

काव्यों एवं इतिहास में इन विशेषणों से वर्णित किया- सम्राट् भोज, भोजराज, वराहवतार, परम भट्टारक, महाराजाधिराज, महानतम भोज, मिहिर महान्।

२४

सम्राट् राजेंद्र चोल प्रथम

राज्य अवधि- 1019 ई. से 1044 ई. तक।

परिचय- विश्व इतिहास में एक अद्वितीय पहचान रखने वाले महान् चोल साम्राज्य के शासक राजेंद्र चोल प्रथम पहले भारतीय शासक थे, जिन्होंने भारत के वैभव को विदेशों तक विशेष पहचान दिलाई। चोल साम्राज्य के काल में भारत एक बड़ी ताकत और संपन्नता के लिए पहचाना जाता था। यह सत्य है कि चोल साम्राज्य की महानता

और वैभव को देश में अब तक अनदेखा किया जाता रहा है, लेकिन यही वह काल था, जब भारत एक बड़ी ताकत और संपन्न राष्ट्र के रूप में चोल वंश के शासक राजेंद्र चोल प्रथम के नेतृत्व में संपूर्ण भारत के साथ ही पूर्व एशिया तक पहुँच गया था।

जन्म और राजनीतिक जीवन–आज से लगभग डेढ़ हजार वर्ष पूर्व सात वाहनों के निर्बल होने के बाद दक्षिण भारत में पल्लवों और पांड्यों का प्रभुत्व हो गया। चोल राजवंश उन दिनों पल्लवों के अधीन था तथा कुडप्पा जिले (तमिलनाडु) के क्षेत्र तक उनका शासन सीमित था, लेकिन नौवीं शताब्दी के अंत में चोलों की शक्ति कुछ बढ़ने लगी। यह वह काल था, जब पल्लवों और पांड्यों के बीच चल रहे संघर्ष में दोनों कमजोर हो रहे थे और इसका लाभ उठाकर चोल शक्तिशाली हो रहे थे। इस परिस्थिति का लाभ उठाकर विजयालय नाम के चोल राजा ने अपनी स्थिति मजबूत की और उसके पुत्र आदित्य ने अपना स्वतंत्र चोल राज्य स्थापित कर लिया।

दक्षिण भारत के चोल साम्राज्य के सबसे महान् शासक राजेंद्र चोल प्रथम राजराजा चोल के पुत्र थे और सिंहासन पर सन् 1012 में आसीन हुए। राजेंद्र चोल प्रथम ने बिहार और बंगाल के पालवंश के राजा महिपाल को हराने के पश्चात् सुदूर दक्षिण से गंगा के मैदानों तक राज्य की सीमा हो जाने के कारण गंगईकोंड की उपाधि धारण कर गंगईकोंड चोलपुरम् एक नई राजधानी का निर्माण किया था। वहाँ उन्होंने एक शिव मंदिर भी बनवाया था।

अपनी राजधानी में राजेंद्र चोल प्रथम ने एक विशाल कृत्रिम झील का निर्माण कराया, जो 16 मील लंबी तथा 8 मील चौड़ी थी। यह झील भारत के इतिहास में मानव निर्मित सबसे बड़ी झील में से एक मानी जाती है। उस झील में बंगाल से गंगा का जल लाकर डाला गया।

आदित्य का पौत्र राजराज सन् 985 में चोल वंश का पहला प्रतापी नरेश था, जिसने पहले तो पांड्य का राज्य और केरल के

राजा को परास्त किया और फिर पश्चिमी गंगदेश (आंध्र) को हराकर पूरे दक्षिण भारत में अपनी सत्ता सुदृढ़ कर ली। तत्पश्चात् उसने अपनी शक्तिशाली नौ सेना से सिंहल द्वीप (श्रीलंका) का उत्तरी भाग भी जीत लिया। उसके पुत्र राजेंद्र देव ने अपने पिता राजराज के निधन के बाद 1014 में चोल साम्राज्य की बागडोर हाथ में ली।

धार्मिक अभिरुचि

- चोल सम्राट् राजेंद्र देव स्वयं शैव थे, किंतु भगवान विष्णु तथा गौतम बुद्ध के अनेक मंदिर उन्होंने बनवाए।
- उनके राज्य में प्रत्येक पंथ और संप्रदाय को राज्य द्वारा प्रश्रय मिलता था और उपासना पद्धति की संपूर्ण स्वतंत्रता थी।
- वर्तमान में तमिलनाडु के त्रिची जिले के गंगकोंडपुरम् में इस प्राचीन विशाल नगरी के भग्नावशेष हैं।
- अपने शासनकाल में उन्होंने दक्षिण भारत में विकसित विशाल चोल साम्राज्य का विस्तार उत्तर भारत में किया था।

साम्राज्य विस्तार

- राजेंद्र चोल प्रथम के नेतृत्व में चोल साम्राज्य में दक्षिण–पूर्व एशिया में अपने राज्यक्षेत्र का विस्तार किया, जिनमें अंडमान–निकोबार द्वीप समूह, श्रीलंका, मालदीव, मलेशिया, दक्षिणी थाईलैंड और इंडोनेशिया जैसे देश शामिल थे।
- मध्य युग के समय कई तमिल कवियों ने अपनी कविताओं में राजेंद्र चोल प्रथम के सफल आक्रमण का गुणगान किया था। उत्तर भारत में गंगा नदी तथा मलेशिया तक अपना शासन स्थापित करने के बाद उन्हें 'गेगैकोंडा' (गंगईकोडान) चोल और 'काडारामकोडान' के खिताब से नवाजा गया।

दूरदर्शिता-

- राजेंद्र चोल प्रथम एक दूरदर्शी शासक था, जिसे एक शक्तिसंपन्न भारत की आवश्यकता दिखलाई पड़ रही थी। क्योंकि उत्तर भारत में महमूद गजनवी के आक्रमण प्रारंभ हो चुके थे। इसके लिए उसने चोल साम्राज्य का विस्तार कर दक्षिणापथ को सैनिक दृष्टि से सुदृढ़ करने का कार्य प्रारंभ किया।
- दूसरा कार्य उसने राज्य को आर्थिक दृष्टि से मजबूत करने का किया। आज के केरल, कर्नाटक, तमिलनाडु, आंध्र प्रदेश तक तो चोल साम्राज्य विस्तार कर ही चुका था, अब राजेंद्र चोल ने कलिंग (उड़ीसा) और बंगाल की विजययात्रा शुरू की। दोनों ही राज्यों ने राजेंद्र चोल की अधीनता स्वीकार कर ली।
- दक्षिण में उसने सिंहलद्वीप (श्रीलंका) को पूरी तरह जीतकर भारत की दक्षिणी सीमा को पूरी तरह निरापद कर लिया। उसकी नौसेना अब तीनों सागरों (हिंद, सिंधु और गंगासागर) में स्वच्छंद रूप से विचरण करने लगी।

व्यापारिक नीति-

- आर्थिक मजबूती के लिए चोल राजा ने अन्य देशों से व्यापार को बढ़ावा देने का निश्चय किया। उस समय चीन, जापान और दक्षिण–पूर्व एशियाई देशों से भारत का अधिकतर व्यापार होता था।
- बहुमूल्य सामग्री से लदे जहाज गंगा सागर (बंगाल की खाड़ी) और हिंद महासागर को पार कर यव द्वीप (जावा) होते हुए लव द्वीप (लाओस),चंपा (वियतनाम), कंबोज (कंपुचिया) के बंदरगाहों पर माल उतारते थे। इसके बाद ये पोत चीन और जापान की ओर बढ़ जाते थे।

- इस समुद्री मार्ग की सुरक्षा के लिए राजेंद्र देव ने अपनी नौसेना को और मजबूत किया और लड़ाकू जहाजों पर सवार हो महासागरों को नापने के लिए निकल पड़ा।

नौसेना और युद्ध रणनीति-

- इतिहासकारों के अनुसार राजेंद्र चोल ने इस नौसैनिक अभियान की योजना अभूतपूर्व व अद्वितीय थी। प्राचीन भारत के तब तक के सबसे बड़े इस नौसैनिक अभियान का उद्‌देश्य अन्य देशों से भारत के व्यापार के मार्ग को सुरक्षित करने के साथ ही वैदिक धर्म की विजयपताका पुनः एशिया में फहराना था।
- दक्षिण–पूर्व एशिया के तत्कालीन श्रीविजय साम्राज्य के साथ चोल राजवंश के मित्रता के संबंध थे, लेकिन वहाँ के सैनिकों ने भारत से माल लेकर आई कई नौकाओं को लूट लिया था। उसको दंड देने के लिए राजेंद्र देव ने यह नौसैनिक अभियान प्रारंभ किया था।
- सन् 1025 में उसके सैनिक बेड़े ने फुर्ती से गंगासागर पार कर यवद्वीप (जावा) और सुवर्णद्वीप (सुमात्रा) पर अधिकार कर लिया।
- श्रीविजय साम्राज्य के तत्कालीन अधिपति संग्राम विजयतुंग बर्मन की नौसेना भी काफी शक्तिशाली थी। चोल सेना ने मलय प्रायद्वीप (मलेशिया) पर आक्रमण कर श्रीविजय के प्रमुख बंदरगाह कडारम (केडाह) को जीत लिया। दोनों सम्राटों के मध्य हुए निर्णायक युद्ध में चोल सेना के लड़ाकू युद्धपोतों ने श्रीविजय राज्य की नौसेना को पूरी तरह ध्वस्त कर दिया। पराजय के पश्चात् विजय–तुंग बर्मन ने चोल सम्राट् से मित्रता कर ली।

- भारत का व्यापार मार्ग अब पूर्ण रूप से सुरक्षित होने के साथ संपूर्ण दक्षिण भारत ओर सिंहलद्वीप के साथ–साथ दक्षिण–पूर्व एशिया पर भी चोल साम्राज्य की विजय–पताका फहराने लगी। अंडमान–निकोबार द्वीपों और मालदीव पर भी चोल सेना का आधिपत्य हो गया।

सामाजिक योगदान-

- विश्व के महान विजेताओं में से एक राजेंद्र चोल ने अनेक जनकल्याणकारी कार्य भी किए। उसके शासन काल में पूरे दक्षिणापथ की जनता सुखी और समृद्ध थी।
- साहित्य, कला, स्थापत्य कला, मूर्तिकला, मंदिरों के निर्माण और शिक्षा आदि के क्षेत्र में राजेंद्र देव के समय उल्लेखनीय विकास हुआ।
- वैदिक संस्कृति की शिक्षा के लिए प्रत्येक कुर्रम (गाँव) में श्रेष्ठ गुरूकुल स्थापित किए गए। इनमें संस्कृत और तमिल में शिक्षा दी जाती थी।
- श्रीरंगम, मदुरा, कुंभकोणम, रामेश्वरम् आदि प्रसिद्ध स्थलों पर राजेंद्र देव ने भव्य मंदिर बनवाए, जो आज भी स्थापत्य कला के अद्वितीय उदाहरण माने जाते हैं।

२५

महाराजा वीर सुहेलदेव राजभर

राज्य अवधि- 1009 से 1093 ई.।

जीवन परिचय- ऐतिहासिक सूत्रों के अनुसार श्रावस्ती भुक्ति (प्रांत) का शासन उन दिनों वैस क्षत्रिय सुधन्वाध्वज के हाथ में था। इसी वंशावली में मोरध्वज के वंशज प्रसेनजित् हुए। जिन्होंने बहराइच राज्य की स्थापना की। जिसका प्रारंभिक नाम भरराइच था। इसी कारण उन्हें 'बहराइच नरेश' के नाम से भी संबोधित किया जाता

था। इन्हीं महाराजा प्रसेनजित् को माघ माह की वसंत पंचमी के दिन 18 फरवरी, 1009 ई. को एक पुत्ररत्न की प्रप्ति हुई, जिसका नाम सुहेलदेव रखा गया। इनके तीन भाई रूद्रमल, बागमल, सहारमल (भूराय्यदेव) और एक बहन अंबेदेवी भी थी। इनका पालन–पोषण विहारीमल राजभर और जयलक्ष्मी देवी ने किया था।

सुहेलदेव बचपन से ही मेधावी एवं देश की एकता के बारे में सोचते थे। इनके पिता ने इनकी अस्त्र–शस्त्र की शिक्षा राज्य के कुशल विद्वज्जनों की देखरेख में करवाई। इनकी बहुमुखी प्रतिभा एवं लोकप्रियता को देखकर मात्र 18 वर्ष की उम्र में इनका राजतिलक कर दिया गया तथा राजकाज में सहयोग के लिए योग्य अमात्य एवं राज्य की सुरक्षा के लिए योग्य सेनापति नियुक्त कर दिया गया।

सुहेलदेव ने राष्ट्र की सुरक्षा के लिए 21 राजाओं को एकत्र कर उनकी सेना का प्रतिनिधित्व किया। इनमें राष्ट्रभक्ति का जज्बा कूट–कूटकर भरा था। इसलिए सुहेलदेव भारतीय समाज, संस्कृति, धर्म की रक्षा करना अपना परम कर्तव्य समझते थे। राष्ट्र की एकता और अखंडता के साथ सुहेलदेव ने कभी समझौता नहीं किया। इस देशभक्त शासक पर इतिहासकारों की दृष्टि बहुत देर में पड़ी। जब राजा सुहेलदेव की देशभक्तिपरक बातें लोगों के सामने आईं, तब इनका महत्त्व समझ में आया।

साम्राज्य विस्तार– सुहेलदेव का साम्राज्य उत्तर में नेपाल से लेकर दक्षिण में कौशांबी तक तथा पूर्व में वैशाली से लेकर पश्चिम में गढ़वाल तक फैला हुआ था। बहराइच के सामंत सुहेलदेव का छोटा भाई भुराय्यदेव था, जिसने अपने नाम पर भुराय्वा दुर्ग का नाम रखा।

मातृभूमि की रक्षा के लिए राजा सुहेलदेव सदैव तत्पर रहते थे। महमूद गजनवी की मृत्यु के पश्चात् जब उसका भानजा सैयद सालार मसूद गाजी ने अपने पिता सालार साहू के साथ एक विशाल

सेना लेकर भारत की ओर बढ़ रहा था तो ऐसे में सुहेलदेव ने भारत के 21 छोटे–छोटे राजाओं (1. राय साहब, 2. राय रायब, 3. अर्जुन, 4. भग्गन, 5. गंग, 6. मकरन, 7. शंकर, 8. करन, 9. बीरबल, 10. जयपाल, 11. श्रीपाल, 12. हरपाल, 13. हरकरन, 14. हरखू, 15. नरहर, 16. भल्लर, 17. जुधारी, 18. नारायण, 19. भल्ला, 20, नरसिंह, 21. कल्याण) को इकट्ठा किया। ये सभी वीर राजा महाराज सुहेल देव के आदेश पर धर्म एवं राष्ट्र की रक्षा हेतु संगठित हुए, जिसका संचालन महाराज सुहेल देव ने किया। सैयद सालार गाजी ने जब दिल्ली पर आक्रमण किया तो वहाँ के राजाओं ने बड़ी वीरता के साथ उसका सामना किया। यह युद्ध एक महीने तक चलता रहा। गाजी हारने ही वाला था कि गजनी से बख्तियार साहू, सलार सैफुद्दीन मलिक, दौलत मिया आदि विशाल घुड़सवार सेना के साथ गाजी की सहायता के लिए आ गए। पुनः दोनों सेनाओं के बीच भयंकर युद्ध प्रारंभ हो गया। इस युद्ध में मसूद घायल हो गया, किंतु उनकी घुड़सवार सेना के समक्ष हमारे वीर सिपाही ज्यादा देर तक टिक न सके। अनेक राजाओं ने आत्मसमर्पण कर दिया। राय महीपाल व राय हरगोपाल अदम्य साहस और वीरता के साथ लड़े और लड़ते हुए शहीद हो गए। मेरठ का शासक हरिवत मुसलमान हो गया तथा उसने गाजी से संधि कर ली। यही स्थिति बुलंदशहर व बदायूँ के शासकों की भी हुई। कन्नौज का शासक भी मसूद का साथी बन गया।

अब हिंदुओं के तीर्थ स्थल सलार मसूद के निशाने पर थे। उसने तीर्थ स्थलों को नष्ट करने के लिए अपनी सेनाएँ भेजना प्रारंभ किया। इसी क्रम में मलिक फैसल को वाराणसी भेजा तथा स्वयं सप्तऋर्षि (बाराबंकी) की ओर बढ़ा। इतना ही नहीं, ये आततायी जिधर भी बढ़ते, उधर की निरीह जनता को सताते हुए आगे बढ़ते थे। कड़े और मानिकपुर के राजाओं ने बहराइच के राजा को संदेश भेजा कि हम अपनी ओर से इस्लामी सेना पर आक्रमण करें और

तुम अपनी ओर से। इस बार हम इस्लामी सेना का सफाया कर देंगे, किंतु सैयद सलार के गुप्तचरों ने संदेशवाहक को बंदी बना लिया और उसे फाँसी दे दी। कड़े और मानिकपुर के राजा बड़ी वीरता से लड़े तथा बाद में बंदी बनाकर उन्हें सतरिख भेज दिया गया।

जब बहराइच के राजा सुहेलदेव तक यह खबर पहुँची तो आस–पास के सभी राजा मुस्लिम आक्रमणकारियों के खिलाफ लामबंद हो गए। ये सभी राजा बहराइच शहर के उत्तर की ओर उपस्थित होकर तैयारी कर ही रहे थे कि सलार मसूद ने उन पर रात्रि में आक्रमण कर दिया। इस अचानक युद्ध में भारतीय सेना परास्त हुई। पुनः अगली लड़ाई हेतु हिंदू सेना संगठित हुई। उन्होंने मार्ग में हजारों विषय बुझी कीलें बिछा दीं, किंतु रात्रि आक्रमण के प्रति सावधान न थे। पुनः मसूद ने रात्रि आक्रमण किया और वह विजयी हुआ, किंतु उसके एक तिहाई सैनिक इस युक्ति में मारे गए।

दो बार के धोखे के बाद भारतीय सेना सचेत हो गई। निर्णायक लड़ाई के लिए सुहेलदेव के नेतृत्व में प्रत्येक हिंदू परिवार से युवा युद्ध में शामिल हुए। सालार मसूद ने युद्ध के पहले हजारों गायों–बैलों को छोड़ दिया, ताकि सुहेलदेव की सेना आक्रमण न कर सके, किंतु सुहेलदेव की सेना पर इसका कोई प्रभाव न पड़ा। वे भूखे सिंहों की तरह इस्लामी सेना पर टूट पड़े। मीर नसरूल्लाह मारा गया। इसके बाद भारतीय सेना ने इस्लामी सेना के केंद्र पर आक्रमण कर दिया, जिसका नेतृत्व स्वयं सालार मसूद कर रहा था। मसूद को भारतीय सेना ने घेर लिया। सैफुद्दीन उसकी सहायता के लिए आगे बढ़ा, किंतु वह मारा गया। अगले दिन जब युद्ध प्रारंभ हुआ तो सुहेलदेव ने मसूद को अपने बाण का निशाना बनाया। वह बाण मसूद के गले में लगा, जिससे उसकी मृत्यु हो गई और अंत में इब्राहिम को बचे हुए सैनिकों के साथ मौत के घाट उतार दिया गया। सैयद सलार मसूद गाजी और उसकी डेढ़ लाख सेना को

परास्त करने के बाद एक विशाल विजय–स्तंभ बनवाना चाहते थे, किंतु राजा सुहेलदेव उसे पूरा न कर सके।

मसूद की इतनी विशाल सेना की पराजय के बाद भारतीय शूरवीरों का ऐसा आतंक विश्व में व्याप्त हो गया कि आने वाले 150 वर्षों तक किसी आक्रमणकारी ने भारत पर आक्रमण करने का साहस नहीं किया। महाराजा सुहेलदेव ने कई सड़कें बनवाई, पोखरें खुदवाईं, बगीचे लगवाए, पाठशालाएँ खुलवाई, मंदिरों का निर्माण कराया और श्रावस्ती नगर को सुंदर रूप दिया। महाराजा सुहेलदेव जैसे महायोद्धा कभी–कभार ही पैदा होते हैं।

२६

महाराजा भोज परमार

राज्य अवधि- 1010 से 1053 ई.।

परिचय- उज्जैन के प्रतापी शासक और विक्रम संवत् के संस्थापक सम्राट् विक्रमादित्य के वंशज उपेंद्र अथवा कृष्णराज ने नौवीं शताब्दी के प्रारंभ में नर्मदा नदी के उत्तर (मालवा क्षेत्र) में परमार वंश की

स्थापना की। यह मध्यकालीन भारत का एक अग्निवंशी राजपूत राजवंश था। इस वंश के प्रारंभिक शासक दक्षिण के राष्ट्रकूटों के सामंत थे। इनकी प्रारंभिक राजधानी उज्जैन में थी, परंतु कालांतर में धार (मध्य प्रदेश) में स्थानांतरित कर ली गई थी। इसी राजवंश में महाराजा भोज का जन्म हुआ, जो इस वंश का सर्वाधिक प्रतापी शासक सिद्ध हुआ। इनके पिता सिंधुराज थे। महाराजा भोज बचपन से ही बहुत वीर, प्रतापी और गुणग्राही थे। वे बहुत ही अच्छे कवि, दार्शनिक और ज्योतिषी थे। वे बहुत बड़े विद्वान् थे और उन्होंने धर्म, कला, खगोल विद्या, कोश–रचना, भवन निर्माण, काव्य, औषधशास्त्र आदि विषयों पर पुस्तकें भी लिखीं। उनका राज्याभिषेक सन् 1010 ई. में परमार वंश के नौवें शासक के रूप में हुआ।

राज्य विस्तार- धार नरेश भोजदेव ने बहुत से युद्ध किए और अपनी प्रतिष्ठा स्थापित की, जिससे सिद्ध होता है कि उनमें असाधारण योग्यता थी। महाराजा भोज मुंज के छोटे भाई सिंधुराज के पुत्र थे। मुंज की मृत्यु शोकजनक परिस्थिति में हो जाने से परमार बहुत ही उत्तेजित थे और इसलिए परमार भोज चालुक्यों से बदला लेने के विचार से दक्षिण की ओर सेना लेकर चढ़ाई करने को प्रेरित हुए, परंतु तत्कालीन चालुक्य राजा जयसिंह द्वितीय ने बहादुरी से सामना किया और अपना राज्य बचा लिया। सन् 1018 ई. के कुछ ही पहले महाराजा भोज ने इंद्ररथ नामक एक व्यक्ति को, जो संभवतः कलिंग के गंग राजाओं का सामंत था, हराया था।

इसके पश्चात् महाराजा भोज ने भारत की पश्चिमी सीमा से लगे लाट नामक राज्य पर, जिसका विस्तार दक्षिण में बंबई राज्य के अंतर्गत सूरत तक था, आक्रमण कर दिया। वहाँ के राजा चालुक्य कीर्तिराज ने आत्मसमर्पण कर दिया। सन् 1020 में भोज ने कोंकण पर आक्रमण किया और शिलाहारों के अरिकेशरी नामक राजा को हराया। सन् 1043 में भोज ने अपने वृत्तिभोगी सिपाहियों को पंजाब के मुसलमानों के विरूद्ध युद्ध के लिए दिल्ली के राजा के पास भेजा।

उस समय पंजाब गजनी साम्राज्य का ही एक भाग था और महमूद के वंशज ही वहाँ राज कर रहे थे।

महाराजा भोज ने दाहल के कलचुरी गांगेयदेव के विरूद्ध आक्रमण किया, जिसमें गांगेयदेव पराजित हुआ। महाराजा भोज ने गुजरात के चालुक्यों से भी बहुत दिनों तक युद्ध किया। वल्लभराज के छोटे भाई दुर्लभराज को पराजित किया। दुर्लभराज के उत्तराधिकारी भीम के राज्यकाल में महाराजा भोज ने अपने सेनापति कुलचंद्र को गुजरात विजय के लिए भेजा। कुलचंद्र ने पूरे प्रदेश पर विजय प्राप्त की।

इस प्रकार महाराजा भोजदेव ने अपने जीवन का अधिकांश समय युद्धक्षेत्र में ही बिताया। उसने अपने साम्राज्य का विस्तार किया और प्राकृतिक सीमाएँ प्राप्त करने की कोशिश की। अनेक युद्ध जीतकर उसने अपने कुशल सैन्य–संचालन का परिचय दिया। वास्तव में अपने समय का वह सर्वाधिक प्रतापी शासक सिद्ध हुआ।

राज्य संचालन– धार नरेश भोजदेव का अधिकांश जीवन रणक्षेत्र में बीता, परंतु उन्होंने अपने राज्य की उन्नति में किसी प्रकार की बाधा न उत्पन्न होने दी। वे एक न्यायप्रिय व जनप्रिय शासक थे। अपनी योग्यता और कुशलता के बल पर उसने न सिर्फ साम्राज्य की सीमाएँ विस्तृत कीं अपितु नागरिकों के सर्वांगीण विकास को सदैव केंद्र में रखा। राज्य के बहुमुखी विकास के लिए उसने अनेक प्रयास किए। कृषि, व्यापार, लघु उद्योग आदि पर विशेष ध्यान केंद्रित किया। राज्य संचालन में सहयोग हेतु कुशल व सक्षम अधिकारियों तथा विद्वानों की एक बड़ी संख्या उनके दरबार में उपस्थित रहती थी। उनके शासनकाल में प्रजा में हर्ष का माहौल रहता था, न्याय व्यवस्था सुदृढ़ थी और आपराधिक कृत्य कम होते थे।

महाराज भोज बहुत बड़े दानवीर थे। वे विद्वानों और निर्धनों को खुलकर दान देते थे। उनके शासन में कलाकारों को संरक्षण प्रदान किया जाता था।

योगदान– महाराजा भोजदेव प्रतापी होने के साथ–साथ बहुत बड़े विद्वान भी थे। वे बहुत अच्छे कवि, दार्शनिक और ज्योतिषी थे। उन्होंने धर्म, खगोल विद्या, कला, कोशरचना, भवन–निर्माण, काव्य, औषधशास्त्र आदि विषयों पर पुस्तकें लिखी हैं, जो आज भी विद्यमान हैं। सरस्वतीकंठाभरण, श्रृंगारमंजरी, चंपूरामायण, चारुचर्या, तत्वप्रकाश, व्यवहारसमुच्चय आदि इनकी महत्त्वपूर्ण कृतियाँ हैं। इनकी सभा बड़े–बड़े पंडितों और कवियों से सुशोभित रहती थी। इनकी पत्नी लीलावती भी बड़ी विदुषी थीं।

आईन–ए–अकबरी के प्राप्त उल्लेखों के अनुसार भोज की राज्यसभा में 500 विद्वान् थे। महाराज भोज ने अपने ग्रंथों में विमान बनाने की विधि का विस्तृत वर्णन किया है। उन्होंने नाव व बड़े जहाज बनाने की विधि का भी विस्तारपूर्वक उल्लेख किया है।

धार नरेश भोजराज ने निर्माण कार्यों में भी विशेष रूचि दिखाई। वर्तमान मध्य प्रदेश की राजधानी भोपाल को राजा भोज ने ही बसाया था। ग्वालियर से मिले स्तुति–पत्र के अनुसार केदारनाथ मंदिर का महाराजा भोज ने पुनर्निर्माण कराया था। मध्य प्रदेश के सांस्कृतिक गौरव के जो स्मारक हमारे पास हैं, उनमें से अधिकांश राजा भोज की देन हैं, चाहे विश्वप्रसिद्ध भोजपुर मंदिर हो या विश्वभर के शिवभक्तों की श्रद्धा का केंद्र उज्जैन स्थित महाकालेश्वर मंदिर, धार की भोजशाला हो या भोपाल का विशाल तालाब, ये सभी राजा भोज के सृजनशील व्यक्तित्व की देन हैं। उन्होंने केदारनाथ, रामेश्वरम्, सोमनाथ, मुंडीर आदि मंदिर भी बनवाए, जो हमारी समृद्ध सांस्कृतिक धरोहर हैं। अतः हम कह सकते हैं कि महाराजा भोज कुशल योद्धा के साथ–साथ महान् शासक, उम्दा निर्माणकर्ता और बहुत बड़े विद्वान् थे।

उत्तराधिकारी– अपने शासनकाल के अंतिम वर्षों में महाराजा भोज को पराजय का अपयश भोगना पड़ा। गुजरात के चालुक्य राजा

तथा चेदिनरेश की संयुक्त सेना ने महाराजा भोज को पराजित कर दिया। इसके बाद उनकी मृत्यु हो गई।

महाराजा भोज की मृत्यु के पश्चात चालुक्य कर्ण और कर्णाटों ने मालवा को जीत लिया, किंतु उनके वंशज उदयादित्य ने शत्रुओं को बुरी तरह पराजित कर अपना प्रभुत्व पुनः स्थापित किया। महाराजा भोज के वंशजों ने 13वीं शताब्दी तक शासन किया।

२७

महाराजा पृथ्वीराज चौहान

राज्य अवधि- सन् 1178 से सन् 1192 तक।

जीवन परिचय- पृथ्वीराज चौहान वंश के हिंदू क्षत्रिय राजा थे, जो उत्तर भारत में 12वीं सदी के उत्तरार्द्ध में अजमेर और दिल्ली पर

राज करते थे। उनका जन्म अजमेर राज्य के राजा सोमेश्वर के यहाँ 1163 ई. में हुआ था। वे भारतेश्वर, पृथ्वीराज, हिंदू सम्राट्, सपादलक्षेश्वर, राय पिथौरा इत्यादि नाम से प्रसिद्ध है। उनकी माता का नाम कर्पूरी देवी था।

पृथ्वीराज की 13 रानियाँ थीं। उनमें से संयोगिता प्रसिद्धतम मानी जाती है। पृथ्वीराज के अनुज का नाम हरिराज, छोटी बहन का नाम पृथा था। पृथ्वीराज का एक पुत्र था, जिसका नाम गोविंद था। बाल्यावस्था से ही वह वैभवपूर्ण वातावरण में बड़ा हुआ। वैभवसंपन्न प्रासाद में पृथ्वीराज के परितः परिचारिकाओं का बाहुल्य था।

पृथ्वीराज का अध्ययन अजयमेरु प्रासाद में और विग्रहराज द्वारा स्थापित सरस्वती कंठाभरण विद्यापीठ में हुआ। प्रासाद और विद्यापीठ के प्रांगण में युद्धकला और शस्त्रविद्या का ज्ञान पृथ्वीराज ने प्राप्त किया। आदिकाल से ही चौहान वंश साम्राज्य की राजभाषा संस्कृत थी। यह प्राप्त शिलालेखों से ज्ञात होता है। चौहान वंश के काल में मुख्यतया छह भाषाएँ प्रचलित थीं। वे इस प्रकार हैं– संस्कृत, प्राकृत, मागधी, पैशाची, शौरसेनी, अपभ्रंश भाषा।

छह भाषाओं के अतिरिक्त पृथ्वीराज ने मीमांसा, वेदांत, गणित, पुराण, इतिहास, सैन्य विज्ञान और चिकित्साशास्त्र का भी ज्ञान प्राप्त किया था। वे संगीत कला और चित्रकला में भी प्रवीण थे। पृथ्वीराज रासो काव्य में उल्लेख है कि धनुर्विद्या में पारंगत पृथ्वीराज शब्दभेदी बाण को चलाने में भी सक्षम हो गए थे। पृथ्वीराज अश्व नियंत्रण विद्या और गज नियंत्रण विद्या में विलक्षण थे। इस प्रकार विविध विद्याओं का अर्जन करते हुए पृथ्वीराज तरुणावस्था को प्राप्त हुए।

भारत सम्राट् के रूप में जब पृथ्वीराज सिंहासन पर आरूढ़ हुए, तब उन्हें अल्पवयस्क जानकर सपादलक्ष साम्राज्य के अनेक सामंतों और प्रतिवेशी राज्यों ने विद्रोह कर दिया।

पृथ्वीराज का प्रथम विवाह मंडोर प्रदेश की नाहड़राव परिवार की पुत्री जंभावती के साथ हुआ था। पृथ्वीराजरासो की लघु हस्तप्रत में केवल दो नाम हैं। जो इच्छनी और संयोगिता हैं और सबसे छोटी हस्तप्रत में केवल संयोगिता का ही नाम उपलब्ध है एवं संयोगिता का ही नाम सभी हस्तप्रतों में उपलब्ध है।

राज्य विस्तार– चौहान वंश ने जिस भू–भाग में अपना राज्य स्थापित किया, उस भूभाग का नाम जांगल था। उस प्रदेश की राजधानी अहिच्छत्रपुर थी। सद्यः उसका नाम नागौर है। वह नागौर नगर आज 'देशनोक' नाम से प्रसिद्ध है।

सन् 1176 में विक्रम संवत्सर में लिखित एक शिलालेख में उल्लिखित है कि 'जांगकूपदुर्ग' नामक ग्राम की स्थापना पृथ्वीराज द्वारा हुई थी।

पृथ्वीराज की सेना बहुत ही विशालकाय थी, जिसमें तीन लाख सैनिक और तीन सौ हाथी थे। कहा जाता है कि उनकी सेना बहुत ही अच्छी तरह से संगठित थी। इसी कारण इसी सेना के बलबूते उन्होंने कई युद्ध जीते और अपने राज्य का विस्तार किया। अपने राज्य–विस्तार को लेकर वे हमेशा सजग रहते थे।

पृथ्वीराज ने सत्रह बार शहाबुद्दीन मोहम्मद गौरी नाम के राजा को पराजित किया। उनके धनुष की प्रत्यंचा की ध्वनि अति भयानक थी। इन्हीं वर्षों में भारत के उत्तरभाग में गोरी नामक 'गौमांस' भक्षण करने वाला योद्धा अपने शासन और धर्म के विस्तार की कामना से अनेक जनपदों को छल से या बल से पराजित कर रहा था। उसकी शासन विस्तार और धर्म विस्तार की नीति के फलस्वरूप सन् 1175 से पृथ्वीराज का गोरी के साथ संघर्ष आरंभ हुआ। उसके बाद सन् 1178 में गौरी ने गुजरात राज्य के ऊपर आक्रमण करने के लिए पृथ्वीराज की सहायता भी माँगी, परंतु पृथ्वीराज के मन में गौरी के प्रति घृणाभाव था, पृथ्वीराज ने उसकी सहायता नहीं की

और गौरी की लज्जास्पद पराजय हुई। गौरी तब से पृथ्वीराज का परम शत्रु बन गया। जब पृथ्वीराज सिंहासन पर आरूढ़ हुए, तब उनके विद्रोह में प्रथम नागार्जुन था, जो विग्रहराज का पुत्र था। सन् 1177 में पृथ्वीराज ने उसके विद्रोह का दमन किया और उसे पराजित किया।

पृथ्वीराज चौहान के विरूद्ध भयानक प्रदेशीय राजा सोहणपाल चौहान वंश के विरूद्ध युद्ध करने के लिए सज्ज हुआ। अतः आनुवंशिक युद्ध की स्थिति में पृथ्वीराज के शासनकाल में भादानक प्रदेश के यादववंशीयों का समूल उच्छेदन कर दिया। सन् 1182 में पृथ्वीराज ने जेजाक भुक्ति (प्रांत) पर आक्रमण किया और शत्रु को पराजित किया। यह प्रदेश बुंदेलखंड के रूप में जाना जाता है। यद्यपि बुंदेलखंड का विशाल भू–भाग मध्य प्रदेश और उत्तर प्रदेश राज्य के मध्य में विभक्त हो गया। उस बुंदेलखंड में जेजाकभुक्ति नामक स्वतंत्र राज्य था।

उन्होंने सिरसा दुर्ग जीतकर अपने राज्य का विस्तार किया। पृथ्वीराज की सेना आकोरी नामक स्थान की ओर अग्रसर थी तभी मार्ग में ही चंद्रेरी सेना के साथ भयंकर युद्ध हुआ। इस प्रकार उन्होंने कालिंजर दुर्ग मालवा प्रदेश के ऐरन प्रदेश जेजाकभुक्ति प्रदेश सन् 1183 में चालुक्यों को पराजित किया। सतलुज का युद्ध पृथ्वीराज का गौरी के साथ प्रथम युद्ध था। उस युद्ध में गौरी की घोर पराजय हुई थी। पृथ्वीराज की विशाल सेना के आक्रमण से गौरी की सेना युद्ध से पलायन कर गई, गौरी को बंदी बना लिया गया। पृथ्वीराज के सम्मुख नतमस्तक गौरी तब स्वतंत्र हुआ, जब उसने पृथ्वीराज को वार्षिक कर देने का संकल्प किया।

सन् 1175 से 1191 तक गौरी द्वारा भारत के समीपवर्ती प्रदेशों में और भारतीय प्रदेशों में बहुत से आक्रमण किए गए। सन् 1190 में तराइन का प्रथम युद्ध हुआ था, उस युद्ध में गौरी की पराजय हुई तथा पृथ्वीराज ने गौरी को बंदी भी बनाया था।

योगदान एवं उपलब्धियाँ- पृथ्वीराज चौहान अत्यंत पराक्रमी थे। उनकी भुजा में भीमसेन के समान बल था, उनके धनुष की प्रत्यंचा की ध्वनि अतीव भयानक होती थी। वे वचनपालन में बलि, दान में कर्ण, सत्यकार्यों में विक्रमादित्य और आचरण में हरशिचन्द्र के समान थे। चौदह कलाओं से संपन्न वह कामदेव के समान पृथ्वी पर अवतरित हुए। पृथ्वीराज भारत के अंतिम हिंदू राजा के रूप में प्रसिद्ध हुए। पृथ्वीराज ने नागार्जुन का दमन किया, भादानकदेशीय, चालुक्यवंश आदि पर विजय प्राप्त की। गोरी को हराकर गुजरात राज्य, तराइन युद्ध आदि बड़े युद्धों को जीतकर अपने पराक्रम का प्रभाव छोड़ा। चौहान वंश ने जिस भू–भाग में अपना राज्य स्थापित किया, उस भू–भाग का नाम 'जांगल' था। उस प्रदेश की राजधानी अहिच्छत्रपुर थी। सद्यः उसका आधुनिक नाम नागौर है।

जांगकूप दुर्ग नामक ग्राम की स्थापना पृथ्वीराज द्वारा हुई थी। इस ग्राम से पृथ्वीराज के नाम की मुद्राएँ भी प्राप्त हुई।

उत्तराधिकारी- पृथ्वीराज की अनेक रानियाँ थीं, जब वे ग्यारह वर्षीय थे, तब उनका प्रथम विवाह जंभावती पडिहारी से हुआ था। उसके बाद प्रतिवर्ष उनका एक–एक विवाह होता गया, यथा– 12वें वर्ष पंवारी इच्छनी, 13वें वर्ष दाहिया, 14वें वर्ष जालंधरी, 15वें वर्ष गूजरी, 16वें वर्ष बडगुजरी, 17वें वर्ष यादवी पद्मावती, 18वें वर्ष यादवी शशीव्रता, 19वें वर्ष कच्छवाही, 20वें वर्ष पुंडीरनी, 21वें वर्ष इंद्रावती और इसके बाद 36वें वर्ष उनका अंतिम विवाह संयोगिता गहड़वाल से हुआ। पृथ्वीराज चौहान का एक पुत्र था, जिसका नाम गोविंद था।

11 मार्च, 1192 में प्रतापी शब्दभेदी राजा पृथ्वीराज चौहान की मृत्यु हुई। मृत्यु के साथ ही उनकी बहादुरी, साहस, देशभक्ति और सिद्धांतों का भी अंत हो गया था, लेकिन चंद्रबरदाई के पृथ्वीराजरासो और पृथ्वीराज विजय के जयानक में पृथ्वीराज चौहान के अमर कर्म संकलित हैं।

एक एव सुहृद्धर्मो निधनेऽप्यनुयाति यः।
शरीरं समं नाशं सर्वम् अन्यद्धिगच्छति।।
(मनुस्मृति ८/१७)

अर्थात् धर्म ही ऐसा मित्र है, जो मरणोत्तर भी साथ चलता है। अन्य सभी वस्तुएँ शरीर के साथ ही नष्ट हो जाती हैं। इतिहासविद् डॉ. विंध्यनाथ चौहान के मतानुसार पृथ्वीराज ने उक्त श्लोक का अंतिम समयपर्यंत आचरण किया।

२८

वीर लाचित बोड़फुकन

परिचय- लाचित बोड़फुकन मोमोई तामुली बोड़बरुआ के पुत्र थे। इनके पिता प्रताप सिंह के शासनकाल में पहले राज्यपाल और सेनापति थे।

लाचित बोड़फुकन भी आगे चलकर अहोम राज्य के सेनापति बने। इनका जन्म 24 नवंबर, 1622 को हुआ था। लाचित बोड़फुकन ने मानविकी एवं शस्त्र और सैन्य कौशल की शिक्षा प्राप्त की थी। अहोम साम्राज्य में वे अहोम राजा चक्रध्वज सिंह की शाही घुड़साल

के अधीक्षक, रणनीतिक महत्त्व रखने वाले सिमुलगढ़ किले के प्रमुख और शाही घुड़सवार रक्षक दल के अधीक्षक जैसे पदों पर आसीन रहे।

लाचित बोड़फुकन अपनी युद्ध योजना के लिए जाने जाते हैं। वे अपने संपूर्ण इलाके को अच्छी तरह से जानते थे और यह जानकारी उन्हें राज्य पर विदेशी आक्रांताओं के हमले के समय मदद करती थी। वे ब्रह्मपुत्र नदी को अपनी माँ की भाँति मानते थे। किसी भी आक्रांता को अहोम राज्य पर हमला करने के लिए बह्मपुत्र नदी को पार करना पड़ता था। इस समय लाचित बोड़फुकन अपनी सेना के साथ ऊँचाई वाले स्थानों से छापामार युद्ध करके दुश्मन की सेना को पराजित कर देते थे।

उन्होंने मुगलों के अहोम राज्य पर नियंत्रण करने की योजना को न केवल विफल कर दिया, बल्कि गुवाहाटी को भी मुगलों से मुक्त करा लिया। सन् 1671 में सराय घाट के भीषण युद्ध के एक वर्ष बाद बीमारी के कारण उनका देहांत हो गया।

सरायघाट का युद्ध– अपनी योजना को सफल बनाने हेतु औरंगजेब ने अहोम को जीतने के लिए राजा मानसिंह के नेतृत्व में एक विशाल सेना भेजी। उसकी सेना में 4000 कुशल लड़ाके, 30,000 पैदल सेना, 21 राजपूत सेनापतियों का दल, 18,000 घुड़सवार सैनिक तथा 2000 धनुषधारी सैनिक थे।

उपरोक्त के विपरीत लाचित बोड़फुकन के पास अत्यंत सीमित संसाधन थे, किंतु युद्ध के समय राष्ट्रप्रेम, अपनी योजना तथा प्रचंड मनोबल के कारण वे युद्ध में मुगलों को पराजित करने में सफल रहे।

सन् 1671 में युद्ध (सराय घाट का युद्ध) के पहले चरण में मुगल सेनापति रामसिंह ने असमिया सेना के विरूद्ध असफल रहने पर एक कुटिल चाल चली। उसने एक पत्र के साथ अहोम शिविर की ओर एक तीर छोड़ा, जिसमें लिखा था कि लाचित को एक लाख रूपए

दिए गए थे, इसलिए इसे गुवाहाटी छोड़कर चले जाना चाहिए। पत्र राजा चक्रध्वज के पास पहुँचा तो वे बोड़फुकन की निष्ठा एवं देशभक्ति पर संदेह करने लगे। तब उनके प्रधानमंत्री अतन बुड़गोहेन ने राजा को समझाया कि यह लाचित के विरूद्ध एक चाल है।

युद्ध के अंतिम चरण में, जब मुगलों ने नदी से आक्रमण किया तो अपना मनोबल बढ़ाकर अहोम सेना ने तीव्रता से मुगल सेना पर हमला किया। लाचित बोड़फुकन ने पूर्ण देशभक्ति एवं किसी भी स्थिति में विजय हासिल करने की दृढ़ इच्छाशक्ति के साथ एक जर्जर नाव में सवार होकर अपनी सेना का संचालन किया। अंत में लाचित बोड़फुकन विजयी हुए, तब मुगल सेनापति ने लिखा, ''महाराज की जय हो! सलाहकारों की जय हो। सेनानायकों की जय हो। देश की जय हो।'' केवल एक ही व्यक्ति सभी शक्तियों (लाचित बोड़फुकन) का नेतृत्व करता है, यहाँ तक कि मैं रामसिंह, व्यक्तिगत रूप से युद्धस्थल पर उपस्थित होते हुए भी कोई कमी का अवसर नहीं ढूँढ़ सका।

इस प्रकार अपनी महान् कुशलता का परिचय देते हुए लाचित बोड़फुकन अपने प्रदेश (कामरूप/अहोम) को मुगल आधिपत्य में जाने से बचा पाए। उनकी अचानक प्राकृतिक मृत्यु के बाद उदयादित्य सिंह द्वारा सन् 1672 में जोरहाट से 16 किमी0 दूर हूंगलूपारा में लाचित स्मारक का निर्माण करवाया। उनका मृत शरीर इसी स्मारक में विश्राम के लिए रखा गया।

वर्तमान में भी भारतीय सैनिकों को प्रेरणास्पद घटनाएँ सुनाते समय लाचित बोड़फुकन का नाम अत्यंत गर्व से लिया जाता है। हूंगलूपारा के अतिरिक्त जोरहाट एवं खड़कवासला की राष्ट्रीय रक्षा अकादमी (एनडीए) में बोड़फुकन की प्रतिमा स्थापित की गई है।

यह उनकी वीरता का ही परिणाम है कि उनकी याद में असम में प्रत्येक वर्ष उनके जन्म दिवस 24 नवंबर को 'लाचित दिवस' में

मनाया जाता है। उनके नाम पर राष्ट्रीय रक्षा अकादमी के सर्वश्रेष्ठ कैडेट को 'लाचित मेडेल' से सम्मानित किया जाता है।

योगदान- लाचित बोड़फुकन को अहोम साम्राज्य पर मुगलों के अभियान को विफल करने के लिए याद किया जाता है। औरंगजेब अपने साम्राज्य को संपूर्ण भारत पर विस्तारित करना चाहता था, किंतु वह भारत के उत्तर–पूर्वी हिस्से तक नहीं पहुँच पा रहा था।

२६

सम्राट् कृष्ण देवराय

राज्य अवधि- सन् 1501 – सन्–1529 ।

परिचय- कृष्ण देवराय विजयनगर साम्राज्य के सर्वाधिक लोकप्रिय शासक थे। कृष्ण देवराय के प्रशासन के समय विजयनगर का सर्वांगीण विकास हुआ। वे स्वयं एक श्रेष्ठ कवि थे और कवियों के महानतम संरक्षक थे। तेलुगू भाषा के आठ प्रसिद्ध कवि 'अष्टदिग्गज'

इन्हीं के दरबार में विराजमान थे। स्वयं कृष्णदेव राय भी 'आंध्रभोज' के नाम से प्रसिद्ध थे। कृष्ण देवराय की प्रशंसा में बाबर ने अपनी आत्मकथा 'बाबरनामा' में लिखा है, "कृष्ण देवराय तत्कालीन भारत का सबसे शक्तिशाली शासक है। उसका राज्यकाल विजयनगर राज्य के ऐश्वर्य व शक्ति का चर्मोत्कर्ष काल है।" कृष्ण देवराय सफल राजनीतिक एवं महान् प्रशासक भी थे। प्रसिद्ध तेलुगू ग्रंथ 'आमुक्त भाल्याद' से उनकी सैनिक एवं नागरिक प्रशासन की क्षमता का आभास होता है। उक्त ग्रंथ में अधीनस्थ अधिकारियों पर नियंत्रण, मंत्रियों की नियुक्ति, न्याय–प्रशासन एवं विदेश नीति के संचालन आदि सारे विषयों का विवेचन किया गया है। तुलुव वंश विजयनगर का तीसरा राजवंश था। इसकी स्थापना तुलुव नरसा नायक ने की थी। तुलुव नरसा नायक कृष्ण देवराय के पिता थे।

राज्य विस्तार– कृष्ण देवराय के काल में सर्वाधिक राज्य विस्तार हुआ। प्रारंभिक काल में कृष्ण देवराय को राजनीतिक अस्थिरता का सामना करना पड़ा, परंतु कृष्णदेव राय ने कूटनीति के साथ साम्राज्य विस्तार प्रारंभ किया। उम्भूत्तूर का सामंत गंगाराम एक स्वतंत्र शासक की भाँति व्यवहार कर रहा था। उड़ीसा के गजपति नरेश प्रतापरुद्र का उदयगिरि के तटवर्ती क्षेत्रों पर अधिकार था। उस समय वह बहमनी राज्य पाँच राज्यों में विभाजित हो गया था, परंतु वे सभी विजयनगर के शत्रु थे। पश्चिमी समुद्र तट पर पुर्तगाली अपनी सत्ता के विस्तार का प्रयास कर रहे थे और अपनी साम्राज्यवादी महत्त्वाकांक्षाओं की पूर्ति के लिए विजयनगर की सहायता चाहते थे।

उपर्युक्त सभी समस्याओं के निवारण के लिए कृष्ण देवराय ने सर्वप्रथम सन् 1510 में पुर्तगाली दूत को स्पष्टतः उत्तर देकर वापस लौटा दिया। यह नीति देवराय की कालीकट के राजा के विरूद्ध 'अहस्तक्षेप की नीति' थी। सन् 1512 में रायचूर पर कृष्ण देवराय का अधिकार हो गया। इसके ठीक बाद कृष्ण देवराय ने अम्मूत्तूर

के सामंत शासक गंगराजा को पराजित कर श्री रंगम् और शिव सुंदरम् पर अधिकार कर लिया तथा साम्राज्य में आंतरिक सुव्यवस्था स्थापित की। सन् 1513–18 के मध्य कृष्ण देवराय ने उड़ीसा के गजपति नरेश प्रताप रूद्र गजपति के चार बार युद्ध किया। इन चारों युद्धों में गजपति नरेश पराजित हुए, अंततः गजपति नरेश ने संधि की याचना की और अपनी पुत्री का विवाह कृष्ण देवराय के साथ कर दिया। फलस्वरूप कृष्ण देवराय ने कृष्णा नदी के उत्तर में उड़ीसा के विजित प्रदेश गजपति नरेश को वापस कर दिए। इस अभियान के बाद कृष्ण देवराय का बीजापुर तथा गोलकुंडा पर अधिकार हो गया। इस प्रकार सन् 1520 तक कृष्ण देवराय ने विजयनगर के सारे शत्रुओं को पराजित कर दिया था और विजयनगर को अजेय शक्ति बल दिया।

कृष्ण देवराय ने आरंभ में पुर्तगालियों के प्रति तटस्थ दृष्टिकोण अपनाया, परंतु जमोरिन के विरूद्ध पुर्तगालियों की विजय के बाद पुर्तगालियों ने गोवा पर अधिकार कर लिया। अब पुर्तगालियों के हाथ में फारस की खाड़ी का व्यापार आ गया। अतः इस पर कृष्ण देवराय ने बड़ी ही कूटनीति के साथ उदारवादी रवैया अपनाया, दूसरी ओर पुर्तगाली विजयनगर के साथ मित्रतापूर्ण संबंध चाहते थे, अतः कृष्ण देवराय के शासनकाल में विजयनगर एवं पुर्तगालियों के मध्य मित्रता प्रारंभ हुई और अनेक पुर्तगाली व्यापारियों एवं यात्रियों आदि ने विजयनगर की यात्रा की।

कृष्ण देवराय की उपलब्धियाँ एवं योगदान– कृष्ण देवराय विजयनगर के इतिहास में महानतम सेनानायक थे। संपूर्ण विजयनगर की सेना को असीमित रूप से शक्तिशाली बनाया और साम्राज्य की समस्त राजनीतिक एवं सैनिक समस्याओं का सफल निदान किया। वे अपने सैनिकों को व्यक्तिगत रूप से स्नेह और संरक्षण प्रदान करते थे। रणक्षेत्र में सैनिकों का खास खयाल रखते थे। रणक्षेत्र में शौर्य प्रदर्शित करनेवाले सैनिकों का सम्मान किया जाता था। डोमिंग

पायस ने कृष्ण देवराय के व्यक्तित्व और शासनकाल के विषय में वर्णन करते हुए लिखा है, "वह अत्यधिक विद्वान् और सर्वगुण–संपन्न नरेश है, जैसा शायद कोई अन्य हो सके।"

कृष्ण देवराय के व्यक्तित्व के संबंध में कई विदेशी यात्रियों के वृत्तांत मिलते हैं। यात्रियों द्वारा दी गई जानकारी विजयनगर के इतिहास को समझने में महत्त्वपूर्ण है। जैसे डोमिंग पायस लिखता है– "राजा मझोले कद का है तथा गौरवर्णी है और अच्छी कद–काठी है, स्थूल शरीर का है।" विजयनगर की राजधानी हंपी की अतिशय प्रशंसा करते हुए लिखा है– "इसके बाजारों में संपूर्ण विश्व की ऐसी कोई वस्तु नहीं है, जो न बिकती हो, आकार में विजयनगर रोम के समान विशाल एवं विस्तृत है। इस नगर में असंख्य लोग निवास करते हैं।

कृष्ण देवराय द्वारा किए गए कार्यों को हम कई श्रेणियों में देख सकते हैं। प्रमुख रूप से इस संदर्भ में तेलुगू ग्रंथ 'आमुक्त भाल्याद' बहुपयोगी है। इस ग्रंथ में कृष्ण देवराय की न्याय–प्रशासन एवं विदेश नीति का वर्णन है। उसने प्रांतीय प्रशासन का पुनर्गठन किया और नायकों को उचित नियंत्रण में रखा।

रैयत की शिकायतों के निराकरण, स्थानीय प्रशासकों के कुप्रशासन और प्रजा के प्रति उनके अन्याय को समाप्त करने के लिए वह साम्राज्य का दौरा किया करता था। उसने कृषि व्यवस्था को सुदृढ़ किया, सिंचाई के लिए तालाबों, नहरों, कुओं इत्यादि का निर्माण कराने के साथ–साथ बंजर एवं जंगली जमीन को कृषि योग्य बनाने की कोशिश की। इस प्रकार राजस्व में भी वृद्धि हुई।

कृष्ण देवराय की राज्य विस्तार नीति जितनी सफल रही, उतनी ही उसकी राज्य प्रशासन नीति भी सफल हुई। आर्थिक नीति के अंतर्गत राज्य के राजस्व के विनियोजन और अर्थव्यवस्था के विकास के लिए कृष्ण देवराय ने कृषि नीति को सुदृढ़ करने के साथ–साथ

व्यापार नीति को भी सुदृढ़ किया। इस दृष्टि से उसने विदेश–व्यापार के सुचारू संचालन के लिए सुविधाजनक बंदरगाहों की व्यवस्था की एवं बाजारों में सुरक्षा व्यवस्था बढ़ाई, ताकि व्यापारी निडरता से व्यापार कर सकें।

कृष्ण देवराय की सांस्कृतिक उपलब्धियों का जितना भी वर्णन किया जाए, कम है, उसके काल को तेलुगू साहित्य का 'क्लासिकल युग' माना जाता है, अष्टदिग्गज कवि इन्हीं के दरबार में विराजमान थे। तेलुगू कवियों में पेड्डाना सर्वप्रथम थे, जो संस्कृत–तेलुगू दोनों भाषाओं के ज्ञाता थे। कृष्ण देवराय स्वयं एक विद्वान थे। उन्होंने तेलुगू भाषा में 'आमुक्त भाल्याद' (राजनीति पर ग्रंथ) तथा संस्कृत भाषा में 'जाम्बती कल्याणम् एवं उषापरिणय' की रचना की। उसने तेलुगू के अतिरिक्त संस्कृत एवं दक्षिण भारत की अन्य लोकभाषाओं को भी प्रोत्साहन दिया।

स्थापत्य एवं कला के क्षेत्र में कृष्ण देवराय का योगदान महत्व–पूर्ण है। उसने 'नागलपुर' नामक शहर की स्थापना की। अनेक भव्य भवनों एवं मंदिरों का निर्माण कराया। उसके शासनकाल में संपूर्ण साम्राज्य में सहस्र स्तंभों वाले मंडपों और गोपुरमों का निर्माण किया गया, जिसमें 'हजारा मंदिर' व 'विट्ठल स्वामी' मंदिर प्रमुख है।

विजयनगर के इतिहास में कृष्ण देवराय निश्चित तौर पर एक बहुमुखी प्रतिभा से संपन्न शासक थे। उपर्युक्त विवरण के आधार पर हम यह देख सकते हैं कि कृष्ण देवराय ने राष्ट्र पुनर्निर्माण के लिए कला, स्थापत्य, साहित्य, प्रशासन, राज्य विस्तार इत्यादि क्षेत्रों में अतुलनीय योगदान दिया है। कृष्ण देवराय की राष्ट्र–निर्माण में भूमिका का सबसे बड़ा योगदान उसका एक लोकप्रिय शासक के रूप में होना है। कृष्ण देवराय ने न सिर्फ सामंतों, प्रशासनिक अधिकारियों का ध्यान रखा, वरन् किसानों व आम जनता का भी खास खयाल रखा। अंततः यह न्यायप्रिय शासक सन् 1529 में मृत्यु को प्राप्त हुआ।

३०

महाराजा हेमचंद्र विक्रमादित्य (हेमू)

नाम- सम्राट् हेमचंद्र विक्रमादित्य (हेमू) सन् 1556

जीवन परिचय- अपने शौर्य से इतिहास की धारा मोड़ने वाले वीर हेमू का जन्म 2 अक्टूबर, 1501 (विजयादशमी) को ग्राम मढेरी (अलवर,

राजस्थान) में हुआ था। उनके पिता राय पूरणमल पहले पुरोहित थे। पर फिर वे रेवाड़ी (हरियाणा) आकर नमक और बारूद में प्रयुक्त होने वाले शोरे का व्यापार करने लगे। बालक हेमू ने यहाँ आकर शास्त्र के साथ संस्कृत, हिंदी, फारसी, अरबी तथा गणित की शिक्षा ली। इसके बाद वे आगरा आ गए और तत्कालीन अफगान सुल्तान सलीम शाह के राज्य में बाजार निरीक्षक की नौकरी करने लगे। हेमू की बहन की शादी भार्गव परिवार में हुई थी, जो उस समय के सम्राट् शेरशाह सूरी के दरबार में तैनात थे। हेमू के पिता जब रेवाड़ी आए, उस समय हेमू 17 साल के थे। हेमू ने शेरशाह सूरी की सेनाओं को खाना पहुँचाने का काम हाथ में लिया, हेमू की कद–काठी और योग्यता देखकर शेरशाह ने अपनी सेना में रख लिया। जल्दी ही हेमू शेरशाह का सेनापति बन गया। शेहरशाह की असमय मृत्यु के बाद दिल्ली की सत्ता हेमू के हाथों में आ गई। 7 अक्टूबर, 1556 मे हेमू ने तरदीबेग खान (मुगल) को हराकर दिल्ली पर विजय हासिल की। यहीं हेमू का राज्याभिषेक हुआ और उसे 'विक्रमादित्य' की उपाधि से नवाजा गया।

राज्य विस्तार- जब सलीम के बेटे फिरोजशाह को मारकर मुहम्मद आदिल सुल्तान बना, तो हेमू की उन्नति होती चली गई और वे कोतवाल, सामंत, सेनापति और फिर प्रधानमंत्री बन गए। जब भरे दरबार में सिकंदर खाँ लोहानी ने आदिलशाह को मारना चाहा, तो हेमू ने उसकी रक्षा की। इससे वह आदिलशाह का विश्वासपात्र बन गया। उन्होंने कई युद्धों में भाग लिया और सबमें विजयी हुए। इससे उनकी गणना भारत के श्रेष्ठ वीरों में होने लगी। उन्होंने इब्राहीम खाँ, मुहम्मद खाँ गोरियाँ, ताज कर्रानी, रूख खान नूरानी आदि अनेक विद्रोहियों को पराजित कर पंजाब से लेकर बिहार और बंगाल तक अपनी वीरता के झंडे गाड़ दिए। यद्यपि ये अभियान उन्होंने दूसरों के लिए किए थे, पर उनके मन में अपना स्वतंत्र हिंदू राज्य स्थापित करने की प्रबल इच्छा विद्यमान थी।

शेरशाह सूरी की सन् 1545 में मृत्यु के बाद इस्लाम शाह सूरी ने उसकी गद्दी सँभाली और हेमू को दरोगा–ए–चौकी बना दिया गया। बाद में इस्लाम शाह की मृत्यु के पश्चात उसके 12 वर्ष के पुत्र फिरोजशाह को उसी के चाचा के पुत्र आदिल शाह सूरी ने मार दिया और राजगद्दी पर कब्जा कर लिया। आदिलशाह ने हेमू को अपना वजीर नियुक्त किया। इस समय संपूर्ण अफगान शासन का प्रबंध हेमू के हाथों में आ गया, क्योंकि आदिलशाह शराबी और अय्याश था, जिसे शासन की बिल्कुल परवाह नहीं थी। जिस समय हुमायूँ की मृत्यु हुई, आदिलशाह मिर्जापुर के पास चुनार में रह रहा था। हुमायूँ की मृत्यु का समाचार सुनकर हेमू अपने स्वामी की ओर से युद्ध करने के लिए दिल्ली की ओर चल पड़ा। वह ग्वालियर होते हुए आगे बढ़ा और उसने आगरा तथा दिल्ली पर अपना अधिकार जमा लिया। हेमू ने तरदीबेग को हरा दिया, जो दिल्ली की सुरक्षा में तैनात था। इस विजय से हेमू के पास काफी धन लगभग 1500 हाथी एवं एक विशाल सेना एकत्रित हो गई। हेमू ने 22 युद्ध जीते और दिल्ली सल्तनत का सम्राट् बना। लगभग तीन शताब्दियों के मुस्लिम शासन के बाद पहली बार कोई हिंदू दिल्ली का राजा बना।

सन् 1556 में पानीपत के दूसरे युद्ध में अकबर की सेना युद्ध लगभग हार चुकी थी और स्वयं अकबर बैरम खाँ के साथ भागने की तैयारी में था, परंतु दुर्भाग्यवश हवा में छोड़ा गया एक तीर हेमू की आँख में लग गया। आँख में तीर लगा होने के बावजूद हेमू पूरी तरह बहादुरी से अकबर की सेना से लड़ता रहा और बेहोश होकर गिर गया, जिससे हेमू की सेना में भगदड़ मच गई और मौके का फायदा उठाकर बैरम खाँ ने बेहोशी की हालत में ही हेमू की हत्या कर दी।

योगदान– हेमू ने बंगाल, बिहार होते हुए ग्वालियर तथा आगरा के रास्ते से दिल्ली पहुँचते हुए 22 लड़ाइयाँ लड़ीं और मुगलों को खदेड़कर दिल्ली पर अधिकार कर लिया। जब हेमू अपनी सेना के

साथ निकलता था तो मुगल सरदार अपने किले छोड़कर भाग जाया करते थे। अकाट्य विराट् स्वरूप हेमचंद विक्रमादित्य को अंतिम हिंदू सम्राट् इसलिए कहा जाता है, क्योंकि हेमचंद विक्रमादित्य की मृत्यु के पश्चात् दिल्ली तब तक मुगलों के कब्जे में रही, जब तक देश में मराठा शक्ति का उदय नहीं हो गया।

३१

महाराणा प्रताप

राज्य अवधि- सन् 1572 से सन् 1597।

परिचय- महाराणा प्रताप महापराक्रमी, वीर शिरोमणि, मेवाड़ के हिंदू राजपूत शासक, उदयपुर मेवाड़ में सिसोदिया राजवंश के राजा थे। उनका नाम इतिहास में वीरता और कठोर प्रण के लिए अमर है।

उनका पूरा नाम 'महाराणा प्रताप सिंह सिसोदिया' था। महाराणा प्रताप का जन्म कुंभलगढ़ दुर्ग में हुआ था, उनकी माता का नाम जैवंताबाई था, जो पाली के सोनगरा अखैराज की बेटी थीं। बचपन में महाराणा प्रताप को 'कीका' के नाम से पुकारा जाता था।

महाराणा प्रताप का राज्याभिषेक गोगुंदा में हुआ। उन्होंने अपने जीवन में कुल ग्यारह शादियाँ की थीं, उनके अनेक पुत्र और पुत्रियाँ थीं। वे सनातन धर्म के परिचारक थे। उनके पिता का नाम उदयसिंह द्वितीय था। महाराणा प्रताप का भाला 81 किलो वजन का था और उनकी छाती का कवच 72 किलो का था। उनके भाला, कवच, ढाल और साथ में दो तलवारों का वजन मिलाकर 208 किलो था। उनके सबसे प्रिय घोड़े का नाम चेतक था, उनकी तरह ही उनका घोड़ा चेतक भी बहुत बहादुर था।

महाराणा प्रताप का जन्मदिवस 9 मई, 1540 को आज भी राजस्थान में धूमधाम से मनाया जाता है। महाराणा प्रताप की पहली रानी का नाम अजबदे पुनवार था, अमर सिंह और भगवान दास इनके दो पुत्र थे। प्रताप राजपूतों में सिसोदिया वंशज थे, वे एक बहादुर राजपूत थे, जिन्होंने हर परिस्थिति में अपनी आखिरी साँस तक अपनी प्रजा की रक्षा की। उन्होंने सदैव अपनी एवं अपने परिवार से ऊपर प्रजा को मान दिया, वे एक ऐसे राजपूत थे, जिसकी वीरता को अकबर भी सलाम करता था। महाराणा प्रताप युद्ध कौशल में तो निपुण थे ही, लेकिन वे एक भावुक एवं धर्मपरायण व्यक्ति भी थे, उनकी सबसे पहली गुरु उनकी माता जयवंताबाईजी थीं।

राज्य विस्तार– कई सालों तक मुगल सम्राट् अकबर के साथ संघर्ष किया, कई बार युद्ध में भी हराया। हल्दीघाटी युद्ध 18 जून, 1576 ई. में मेवाड़ तथा मुगलों के मध्य में हुआ था। इस युद्ध में मेवाड़ की सेना का नेतृत्व महाराणा प्रताप ने किया। इस युद्ध में महाराणा प्रताप की तरफ से लड़ने वाले एकमात्र मुस्लिम सरदार थे– हकीम खाँ सूरी।

इस युद्ध में मुगल सेना का नेतृत्व मानसिंह तथा आसफ खाँ ने किया। बींदा के झालामान ने अपने प्राणों का बलिदान करके प्रताप के जीवन की रक्षा की। वहीं ग्वालियर नरेश 'राजा रामशाह तोमर' भी अपने तीन पुत्रों– कुँवर शालिवाहन, कुँवर भवानी सिंह, कुँवर प्रताप सिंह और पौत्र बलभद्र सिंह एवं सैकड़ों वीर तोमर राजपूत योद्धाओं समेत चिरनिद्रा में सो गये।

यह युद्ध पूरे एक दिन चला और राजपूतों ने मुगलों के छक्के छुड़ा दिए थे। इस युद्ध में 20,000 राजपूतों को साथ लेकर महाराणा प्रताप ने मुगल सरदार राजा मानसिंह के 80,000 संख्यावाली सेना का सामना किया। इसमें 17,000 लोग मारे गए। महाराणा की हालत दिन–प्रतिदिन चिंताजनक हुई। 25,000 राजपूती सेना का 12 वर्ष तक पालन करने हेतु आवश्यक धन अनुदान के रूप में देकर भामाशाह अमर हुए। वे एक के बाद एक गढ़ जीतते जा रहे थे।

उदयपुर समेत 26 महत्त्वपूर्ण स्थानों पर महाराणा की सेना का अधिकार स्थापित हो गया। अकबर ने महाराणा प्रताप को समझाने के लिए 6 शांतिदूतों को भेजा था, जिससे युद्ध को शांतिपूर्ण तरीके से खत्म किया जा सके, लेकिन महाराणा प्रताप ने यह कहते हुए हर बार उनका प्रस्ताव ठुकरा दिया कि राजपूत योद्धा यह कभी बर्दाश्त नहीं कर सकता।

योगदान और उपलब्धियाँ– महाराणा प्रताप एक पराक्रमी राजा थे, वे मुगलों के खिलाफ हर बार विजयी हुए, परिणामस्वरूप मेवाड़ पर से मुगलों का दबाव कम हो गया। इस बात का लाभ उठाकर महाराणा ने ई.पू. 1585 में मेवाड़ मुक्ति प्रयत्नों को और भी तेज कर लिया। महाराणा प्रताप ने जिस समय सिंहासन ग्रहण किया, उस समय मेवाड़ की जितनी भूमि पर उनका अधिकार था, पूर्ण रूप में उतनी ही भूमि पर अब फिर से उनकी सत्ता स्थापित हो गई थी। बारह वर्ष के संघर्ष के बाद भी अकबर उसमें कोई परिवर्तन न कर सका और इस तरह महाराणा प्रताप समय की लंबी अवधि के संघर्ष

के बाद मेवाड़ को मुक्त करने में सफल रहे और यह समय मेवाड़ के लिए एक स्वर्ण युग साबित हुआ।

मेवाड़ पर लगा हुआ अकबररूपी ग्रहण का अंत सन् 1585 में हुआ। इसके बाद महाराणा प्रताप उनके राज्य की सुख–सुविधा में जुट गए, परंतु दुर्भाग्य से उसके 11 वर्ष के बाद ही 19 जनवरी, 1597 में अपनी नई राजधानी चावंड में उनकी मृत्यु हो गई। महाराणा प्रताप सिंह के डर से अकबर अपनी राजधानी लाहौर लेकर चला गया और महाराणा के स्वर्ग सिधारने के बाद ही आगरा आया।

एक सच्चे राजपूत, शूरवीर, देशभक्त, योद्धा, मातृभूमि के रखवाले के रूप में महाराणा प्रताप दुनिया में सदैव के लिए अमर हो गए। महाराणा प्रताप की मृत्यु पर अकबर को बहुत ही दुःख हुआ, क्योंकि ह्रदय से वह प्रताप के गुणों का प्रशंसक था और अकबर जानता था इस धरती पर महाराणा जैसा वीर कोई नहीं है। यह समाचार सुन अकबर रहस्यमय तरीके से मौन हो गया और उसकी आँखों में आँसू आ गए।

उत्तराधिकारी– महाराणा प्रताप की मृत्यु के बाद राणा अमरसिंह का राज्याभिषेक 23 जनवरी, 1597 को हुआ। अपने पिता के समान ही वे वीर पराक्रमी थे। उन्होंने मुगलों से 18 बार युद्ध किया। प्रारंभ में मुगल सेना के आक्रमण न होने से अमरसिंह ने राज्य में सुव्यवस्था बनाई। जहाँगीर के द्वारा करवाए गए कई आक्रमण विफल किए। अंत में खुर्रम ने मेवाड़ पर अधिकार कर लिया। हारकर बाद में उन्होंने अपमानजनक संधि की। वे मेवाड़ के अंतिम शासक थे। राणा अमरसिंह प्रजाभक्त थे।

३२

छत्रपति शिवाजी

छत्रपति शिवाजी महाराज या शिवाजी राजे भोंसले (1630 ई. से–1680 ई. तक) भारत के राजा एवं रणनीतिकार थे, जिन्होंने 1674 में पश्चिम भारत में मराठा साम्राज्य की नींव रखी। उन्होंने कई वर्ष

औरंगजेब के मुगल साम्राज्य से संघर्ष किया। सन् 1674 में रायगढ़ में उनका राज्याभिषेक हुआ और वे छत्रपति बने। शिवाजी ने अपनी अनुशासित सेना एवं सुसंगठित प्रशासनिक इकाइयों की सहायता से एक योग्य एवं प्रगतिशील प्रशासन प्रदान किया। उन्होंने समर विद्या में अनेक नवाचार किए तथा छापामार युद्ध (Gorilla War) की नई शैली (शिवसूत्र) विकसित की। उन्होंने प्राचीन हिंदू राजनीतिक प्रथाओं तथा दरबारी शिष्टाचारों को पुनर्जीवित किया और फारसी के स्थान पर मराठी एवं संस्कृत को राजकाज की भाषा बनाया।

आरंभिक जीवन– शिवाजी महाराज का जन्म 19 फरवरी, 1630 में शिवनेरी दुर्ग में हुआ था। शाहजी भोंसले की पत्नी जीजाबाई (राजमाता जिजाऊ) की कोख से शिवाजी महाराज का जन्म हुआ था। शिवनेरी का दुर्ग पूना (पुणे) से उत्तर की तरफ जुन्नार नगर के पास था। उनका बचपन माता जिजाऊ के मार्गदर्शन में बीता। वे सभी कलाओं में दक्ष थे, उन्होंने बचपन में राजनीति एवं युद्ध की शिक्षा ली थी। गागाभट्ट के अनुसार शिवाजी का वंश मेवाड़ के प्रसिद्ध गुहिल सिसोदिया वंश से मिलता है। शिवाजी के कारण ही समस्त मराठा समुदाय को क्षत्रिय होने का दर्जा मिला है। उनके पिता अप्रतिम शूरवीर थे और उनकी दूसरी पत्नी तुकाबाई मोहिते थीं। उनकी माताजी जीजाबाई जाधव कुल में उत्पन्न असाधारण प्रतिभाशाली थीं और उनके पिता एक शक्तिशाली सामंत थे। शिवाजी महाराज के चरित्र पर माता–पिता का बहुत प्रभाव पड़ा। बचपन से ही वे उस युग के वातावरण और घटनाओं को भली प्रकार समझने लगे थे। शासक वर्ग की करतूतों पर वे झल्लाते थे और बेचैन हो जाते थे। उनके बाल–हृदय में स्वाधीनता की लौ प्रज्वलित हो गई थी। उन्होंने कुछ स्वामिभक्त साथियों का संगठन किया। अवस्था बढ़ने के साथ विदेशी शासन की बेड़ियाँ तोड़ फेंकने का उनका संकल्प प्रबलतर होता गया। छत्रपति शिवाजी महाराज का विवाह सन् 14 मई, 1640 में सहबाई निंबालकर के साथ लालमहल, पूना में हुआ था।

सैनिक वर्चस्व का आरंभ– समय समय बीजापुर का राज्य आपसी संघर्ष तथा विदेशी आक्रमणकाल के दौर से गुजर रहा था। ऐसे साम्राज्य के सुल्तान की सेवा करने के बदले वे मावलों को बीजापुर के खिलाफ संगठित करने लगे। मावल प्रदेश पश्चिमी घाट से जुड़ा है और कोई 1 किमी. लंबा तथा 30 किमी. चौड़ा है। वे संघर्षपूर्ण जीवन व्यतीत करने के कारण कुशल योद्धा माने जाते हैं। इस प्रदेश में मराठा और सभी जाति के लोग रहते हैं। शिवाजी महाराज ने इन सभी जाति के लोगों को लेकर मावलों (मावल्ला) नाम देकर सभी को संगठित किया और उनसे संपर्क कर उनके प्रदेश से परिचित हो गए थे। मावल युवकों को लाकर उन्होंने दुर्ग निर्माण का कार्य आरंभ कर दिया था। मावलों का सहयोग शिवाजी महाराज के लिए बाद में उतना ही महत्वपूर्ण साबित हुआ, जितना शेरशाह सूरी के लिए अफगानों का साथ। उस समय बीजापुर आपसी संघर्ष तथा मुगलों के आक्रमण से परेशान था। बीजापुर के सुल्तान आदिलशाह ने बहुत से दुर्गों से अपनी सेना हटाकर उन्हें स्थानीय शासकों या सामंतों के हाथ सौंप दिया था। जब आदिलशाह बीमार पड़ा तो बीजापुर में अराजकता फैल गई और शिवाजी महाराज ने अवसर का लाभ उठाकर बीजापुर में प्रवेश का निर्णय लिया। शिवाजी महाराज ने इसके बाद के दिनों में बीजापुर के दुर्गों पर अधिकार करने की नीति अपनाई। सबसे पहला दुर्ग था तोरण का दुर्ग।

दुर्गों पर नियंत्रण– तोरण का दुर्ग पूना के दक्षिण–पश्चिम में 30 किमी. की दूरी पर था। शिवाजी ने सुल्तान आदिलशाह के पास अपने दूत के द्वारा खबर भिजवाई कि वे पहले किलेदार की तुलना में बेहतर रकम देने को तैयार हैं और यह क्षेत्र उन्हें सौंप दिया जाए। उन्होंने आदिलशाह के दरबारियों को पहले ही रिश्वत देकर अपने पक्ष में कर लिया था और अपने दरबारियों की सलाह के मुताबिक आदिलशाह ने शिवाजी महाराज को उस दुर्ग का अधिपति बना दिया। उस दुर्ग में मिली संपत्ति से शिवाजी महाराज ने दुर्ग

की सुरक्षा संबंधी कमियों की मरम्मत का काम करवाया। इससे कोई 10 किमी. दूर राजगढ़ का दुर्ग था। शिवाजी महाराज ने इस दुर्ग पर भी अधिकार कर लिया। शिवाजी महाराज की इस साम्राज्य विस्तार की नीति की भनक जब आदिलशाह को मिली तो वह क्षुब्ध हुआ। उसने शाहजी राजे को अपने पुत्र को नियंत्रण में रखने को कहा। शिवाजी महाराज ने अपने पिता की परवाह किए बिना अपने पिता के क्षेत्र का प्रबंध अपने हाथों में ले लिया और नियमित लगान बंद कर दिया। राजगढ़ के बाद चाकन के दुर्ग पर अधिकार करते समय उन्हें काफी कीमत चुकानी पड़ी। उसके बाद औरंगजेब ने मिर्जा राजा जयसिंह को भेजकर 23 किलों पर कब्जा किया, बाद में शिवाजी महाराज के मावला तानाजी मालुसरे ने कोंढाणा दुर्ग पर कब्जा किया, पर उस युद्ध में वह वीरगति को प्राप्त हुआ। उसकी याद में कोंढाणा पर अधिकार करने के बाद उसका नाम 'सिंहगढ़' रखा गया। शाहजी राजे को पूना और सूपा की जागीरदारी दी गई थी और सूपा का दुर्ग उनके संबंधी बाजी मोहिते के हाथ में था। शिवाजी महाराज ने रात के समय सूपा के दुर्ग पर आक्रमण करके दुर्ग पर अधिकार कर लिया और बाजी मोहिते को शाहजी राजे के पास कर्नाटक भेज दिया। उसकी सेना का कुछ भाग भी शिवाजी महाराज की सेवा में आ गया। इसी समय पुरंदर के किलेदार की मृत्यु हो गई और किले के उत्तराधिकार के लिए उसके तीनों बेटों में लड़ाई छिड़ गई। दो भाइयों के निमंत्रण पर शिवाजी महाराज पुरंदर पहुँचे और कूटनीति का सहारा लेते हुए उन्होंने सभी भाइयों को बंदी बना लिया। इस तरह पुरंदर के किले पर भी उनका अधिकार हो गया। अब तक की घटना में शिवाजी महाराज को कोई युद्ध या खून–खराबा नहीं करना पड़ा था। 1647 ईस्वी तक वे चाकन से लेकर नीरा तक के भू–भाग के भी अधिपति बन चुके थे। अपनी बढ़ी सैनिक शक्ति के साथ शिवाजी महाराज ने मैदानी इलाकों मे ंप्रवेश करने की योजना बनाई।

एक अश्वारोही सेना का गठन कर शिवाजी महाराज ने आबाजी सोंदेर के नेतृत्व में कोंकण के विरूद्ध एक सेना भेजी। आबाजी ने कोंकण सहित नौ अन्य दुर्गों पर अधिकार कर लिया। इसके अलावा ताला, मोस्माला और रायटी के दुर्ग भी शिवाजी महाराज के अधीन आ गए थे। लूट की सारी संपत्ति रायगढ़ में सुरक्षित रखी गई। कल्याण के गवर्नर को मुक्त कर शिवाजी महाराज ने कोलाब की ओर रूख किया और यहाँ के प्रमुखों को विधर्मियों के खिलाफ युद्ध के लिए उकसाया।

शाहजी की बंदी और युद्धविराम- बीजापुर का सुल्तान शिवाजी महाराज की गतिविधियों से पहले ही आक्रोश में था। उसने शिवाजी महाराज के पिता को बंदी बनाने का आदेश दे दिया। शाहजी राजे उस समय कर्नाटक में थे और एक विश्वासघाती सहायक बाजी घोरपड़े द्वारा बंदी बनाकर बीजापुर लाए गए। उन पर यह भी आरोप लगाया गया कि उन्होंने कुतुबशाह की सेवा प्राप्त करने की कोशिश की थी, जो गोलकोंडा का शासक था और इस कारण आदिलशाह का शत्रु था। बीजापुर के दो सरदारों की मध्यस्थता के बाद शाहजी महाराज को इस शर्त पर मुक्त किया गया कि वे शिवाजी महाराज पर अंकुश लगाएँगे। अगले चार वर्षों तक शिवाजी महाराज ने बीजापुर के खिलाफ कोई आक्रमण नहीं किया। इस दौरान उन्होंने अपनी सेना संगठित की।

प्रभुता का विस्तार- शाहजी की मुक्ति की शर्तों के मुताबिक शिवाजी राजा ने बीजापुर के क्षेत्रों पर आक्रमण तो नहीं किया पर उन्होंने दक्षिण–पश्चिम में अपनी शक्ति बढ़ाने की चेष्टा की। पर इस क्रम में जावली का राज्य बाधा का काम कर रहा था। यह राज्य सातारा के सुदूर उत्तर–पश्चिम में वामा और कृष्णा नदी के बीच में स्थित था। यहाँ का राजा चंद्रराव मोरे था, जिसने यह जागीर शिवाजी से प्राप्त की थी। शिवाजी ने मोरे शासक चंद्रराव को स्वराज में शामिल होने को कहा, पर चंद्रराव बीजापुर के सुल्तान के साथ

मिल गया। सन् 1656 में शिवाजी ने अपनी सेना लेकर जावली पर आक्रमण कर दिया। चंद्रराव मोरे और उसके दोनों पुत्रों ने शिवाजी के साथ लड़ाई की, पर अंत में वे बंदी बना लिये गये और चंद्रराव भाग गया। स्थानीय लोगों ने शिवाजी के इस कृत्य का विरोध किया, पर वे विद्रोह को कुचलने में सफल रहे। इससे शिवाजी को उस दुर्ग में संगृहीत आठ वंशों की संपत्ति मिल गई। इसके अलावा कई मावल सैनिक मुरारबाजी देशपांडे भी शिवाजी की सेना में सम्मिलित हो गए।

मुगलों से पहली मुठभेड़– शिवाजी के बीजापुर तथा मुगल दोनों शत्रु थे। उस समय शहजादा औरंगजेव दक्कन का सूबेदार था। इसी समय 1 नवंबर, 1656 को बीजापुर के सुल्तान आदिलशाह की मृत्यु हो गई, जिसके बाद बीजापुर में अराजकता का माहौल पैदा हो गया। इस स्थिति का लाभ उठाकर औरंगजेब ने बीजापुर पर आक्रमण कर दिया और शिवाजी ने औरंगजेब का साथ देने की बजाय उस पर धावा बोल दिया। उनकी सेना ने जुनार नगर पर आक्रमण कर ढेर सारी संपत्ति के साथ 200 घोड़े लूट लिये। अहमदनगर से 700 घोड़े, चार हाथी के अलावा उन्होंने गुंडा तथा रेसिन के दुर्ग पर भी लूटपाट मचाई। इसके परिणामस्वरूप औरंगजेब ने बीजापुर के साथ संधि कर ली और इसी समय शाहजहाँ बीमार पड़ गया। इसके व्याधिग्रस्त होते ही औरंगजेब उत्तर भारत चला गया और वहाँ अपने पिता शाहजहाँ को कैद कर मुगल साम्राज्य का शहंशाह बन गया।

कोंकण पर अधिकार– दक्षिण भारत में औरंगजेब की अनुपस्थिति और बीजापुर की डांवॉडोल राजनीतिक स्थिति को जानकर शिवाजी ने समरजी को जंजीरा पर आक्रमण करने को कहा। पर जंजीरा के सिद्दियों के साथ उनकी लड़ाई कई दिनों तक चली। इसके बाद शिवाजी ने खुद जंजीरा पर आक्रमण किया, दक्षिण कोंकण पर अधिकार कर लिया और दमन के पुर्तगालियों से वार्षिक कर

वसूल किया। कल्याण तथा भिवंडी पर अधिकार करने के बाद वहाँ नौसैनिक अड्डा बना लिया। इस समय तक शिवाजी 40 दुर्गों के स्वामी बन चुके थे।

बीजापुर के संघर्ष- इधर औरंगजेब के आगरा (उत्तर की ओर) लौट जाने के बाद बीजापुर के सुल्तान ने भी राहत की साँस ली। अब शिवाजी ही बीजापुर के सबसे प्रबल शत्रु रह गए थे। शाहजी को पहले ही अपने पुत्र को नियंत्रण में रखने को कहा गया था पर शाहजी ने इसमें अपनी असमर्थता व्यक्त की। शिवाजी से निपटने के लिए बीजापुर के सुल्तान ने अब्दुल्लाह भटारी (अफजल खाँ) को भेजा। अफजल ने 1,20,000 सैनिकों के साथ 1659 में कूच किया। तुलजापुर के मंदिरों को नष्ट करता हुआ वह सतारा के 30 किमी0 उत्तर वाई, शिरवल के नजदीक तक आ गया, पर शिवाजी प्रतापगढ़ के दुर्ग पर ही रहे। अफजल खाँ ने अपने दूत कृष्णजी भास्कर को संधि–वार्ता के लिए भेजा। उसने उसके द्वारा यह संदेश भिजवाया कि अगर शिवाजी बीजापुर की अधीनता स्वीकार कर ले तो सुल्तान उसे उन सभी क्षेत्रों का अधिकार दे देंगे, जो शिवाजी के नियंत्रण में हैं। साथ ही शिवाजी को बीजापुर के दरबार में एक सम्मानित पद प्राप्त होगा। हालाँकि शिवाजी के मंत्री और सलाहकार उस संधि के पक्ष में थे, पर शिवाजी को यह वार्ता पसंद नहीं आई। उन्होंने कृष्णजी भास्कर को उचित सम्मान देकर अपने दरबार में रख लिया और अपने दूत गोपीनाथ को वस्तुस्थिति का जायजा लेने अफजल खाँ के पास भेजा। गोपीनाथ और कृष्णजी भास्कर से शिवाजी को ऐसा लगा कि संधि का षड्यंत्र रचकर अफजल खाँ शिवाजी को बंदी बनाना चाहता है। अतः उन्होंने युद्ध के बदले अफजल खाँ को एक बहुमूल्य उपहार भेजा और इस तरह अफजल खाँ को संधि–वार्ता के लिए राजी किया। संधि–स्थल पर दोनों ने अपने सैनिक छुपाकर रखे थे, वार्ता के स्थान पर जब दोनों मिले, तब अफजल खाँ ने अपनी कटार से शिवाजी पर वार किया, बचाव में शिवाजी ने अफजल खाँ को अपने वघनखा से मार डाला (10 नवंबर, 1659)।

अफजल खाँ की मृत्यु के बाद शिवाजी ने पन्हाल के दुर्ग पर अधिकार कर लिया। इसके बाद पवनगढ़ और वसंतगढ़ के दुर्गों पर अधिकार करने के साथ ही साथ उन्होंने रूस्तम खाँ के आक्रमण को विफल किया। इससे राजापुर तथा दावुल पर भी उनका अधिकार हो गया। अब बीजापुर में आतंक का माहौल पैदा हो गया और वहाँ के सामंतों ने आपसी मतभेद भुलाकर शिवाजी पर आक्रमण करने का निश्चय किया। 2 अक्टूबर, 1665 को बीजापुरी सेना ने पन्हाला दुर्ग पर अधिकर कर लिया। शिवाजी संकट में फँस चुके थे, पर रात्रि के अंधकार का लाभ उठाकर वे भागने में सफल रहे। बीजापुर के सुल्तान ने स्वयं कमान सँभालकर पन्हाला, पवनगढ़ पर अपना अधिकार वापस ले लिया, राजापुर को लूट लिया और श्रृंगारगढ़ के प्रधान को मार डाला। इसी समय कर्नाटक में सिद्दीजौहर के विद्रोह के कारण बीजापुर के सुल्तान ने शिवाजी के साथ समझौता कर लिया। इस संधि में शिवाजी के पिता शाहजी ने मध्यस्थता का काम किया। सन् 1662 में हुई इस संधि के अनुसार शिवाजी को बीजापुर के सुल्तान द्वारा स्वतंत्र शासक की मान्यता मिली। इस संधि के अनुसार उत्तर में कल्याण से लेकर दक्षिण में पोंडा तक (250 किमी.) का और पूर्व में इंदापुर से लेकर पश्चिम में दावुल तक (150 किमी.) का भू–भाग शिवाजी के नियंत्रण में आ गया। शिवाजी की सेना में इस समय तक 30,000 पैदल और 1000 घुड़सवार हो गए थे।

मुगलों से संघर्ष– उत्तर भारत में बादशाह बनने की होड़ खत्म होने के बाद औरंगजेब का ध्यान दक्षिण की ओर गया। वह शिवाजी की बढ़ती प्रभुसत्ता से परिचित था और उसने शिवाजी पर नियंत्रण रखने के उद्देश्य से अपने मामा शाइस्ता खाँ को दक्षिण का सूबेदार नियुक्त किया। शाइस्ता खाँ 1,50,000 की फौज लेकर सूपन और चाकन के दुर्ग पर अधिकार कर पूना पहुँच गया। उसने 3 साल तक मावल में लूटमार की। एक रात शिवाजी ने अपने 350 मवालों के साथ उन पर हमला कर दिया। शाइस्ता तो खिड़की के रास्ते बच

निकलने में कामयाब रहा, पर उसे इस हमले में अपनी चार अंगुलियों से हाथ धोना पड़ा। शाइस्ता खाँ के पुत्र तथा चालीस रक्षकों और बहुत से सैनिकों को मार दिया गया। इस घटना के बाद औरंगजेब ने शाइस्ता को दक्कन के बदले बंगाल का सूबेदार बना दिया और शहजादा मुअज्जम शाइस्ता की जगह लेने के लिए भेजा गया।

सूरत में लूट- इस जीत से शिवाजी की प्रतिष्ठा में वृद्धि हुई। छह साल शाइस्ता खान ने अपनी 1,50,000 फौज लेकर छत्रपति शिवाजी का पूरा मुल्क जलाकर तबाह कर दिया था। इसलिए उसका हर्जाना वसूल करने के लिए शिवाजी ने मुगल क्षेत्रों में लूटपाट मचाना आरंभ किया। सूरत उस समय पश्चिमी व्यापारियों का गढ़ था और हिन्दुस्तानी मुसलमानों के लिए हज पर जाने का द्वार। यह एक समृद्ध नगर था और इसका बंदरगाह बहुत महत्वपूर्ण था। शिवाजी ने चार हजार की सेना के साथ सन् 1664 में छह दिनों तक सूरत के मुगल परस्त धनाढ्य व्यापारियों को लूटा। आम आदमी को उन्होंने नहीं लूटा और फिर लौट गए। इस घटना का जिक्र डच तथा अंग्रेजों ने अपने लेखों में किया है। उस समय तक यूरोपीय व्यापारियों ने भारत तथा अन्य एशियाई देशों में बस गए थे। नादिरशाह के भारत पर आक्रमण करने तक (1739) किसी भी यूरोपीय शक्ति ने भारतीय मुगल साम्राज्य पर आक्रमण करने की नहीं सोची थी।

सूरत में शिवाजी की लूट से खिन्न होकर औरंगजेब ने इनायत खाँ के स्थान पर गयासुद्दीन खाँ को सूरत का फौजदार नियुक्त किया और शहजादा मुअज्जम तथा उपसेनापति राजा जसवंत सिंह की जगह दिलेर खाँ और राजा जयसिंह की नियुक्ति की गई। राजा जयसिंह ने बीजापुर के सुल्तान और यूरोपीय शक्तियों तथा सामंतों का सहयोग लेकर शिवाजी पर आक्रमण कर दिया। इस युद्ध में शिवाजी को हानि होने लगी और हार की आशंका को देखते हुए शिवाजी ने संधि का प्रस्ताव भेजा। जून 1665 में हुई इस संधि के

मुताबिक शिवाजी 23 दुर्ग मुगलों को दे देंगे और इस तरह उनके पास केवल 12 दुर्ग बच जाएँगे। इन 23 दुर्गों से होने वाली आमदनी चार लाख होन सालाना थी। बालाघाट और कोंकण के क्षेत्र शिवाजी को मिलेंगे, पर उन्हें इसके बदले में 13 किस्तों में 40 लाख होन अदा करने होंगे। इसके अलावा प्रतिवर्ष 5 लाख होन का राजस्व भी वे देंगे। शिवाजी स्वयं औरंगजेब के दरबार में रहने से मुक्त रहेंगे, पर उनके पुत्र संभाजी को मुगल दरबार में सेवा करनी होगी और बीजापुर के खिलाफ शिवाजी मुगलों का साथ देंगे।

आगरा में आमंत्रण और पलायन– शिवाजी को आगरा बुलाया गया, जहाँ उन्हें लगा कि उन्हें उचित सम्मान नहीं मिल रहा है। इसके खिलाफ उन्होंने भरे दरबार में अपना रोष दिखाया और औरंगजेब पर विश्वासघात का आरोप लगाया। औरंगजेब इससे क्षुब्ध हुआ और उसने शिवाजी को नजरकैद कर दिया और उन पर 5000 सैनिकों से पहरा लगा दिया। कुछ ही दिनों बाद (18 अगस्त, 1666 को) औरंगजेब का राजा शिवाजी को मार डालने का इरादा था, लेकिन अपने अजोड़ साहस और युक्ति के साथ शिवाजी और सम्भाजी दोनों यहाँ से निकलने में सफल रहे (17 अगस्त, 1666)। संभाजी को मथुरा में एक विश्वासी ब्राह्मण के यहाँ छोड़ शिवाजी महाराज बनारस गए, पुरी होते हुए सकुशल राजगढ़ पहुँच गए (2 सितंबर, 1666)। इससे मराठों को जैसे नवजीवन मिल गया। औरंगजेब ने जयसिंह पर अविश्वास करके विष देकर उसकी हत्या करवा डाली। जसवंत सिंह के द्वारा पहल करने के बाद सन् 1668 में शिवाजी ने मुगलों के साथ दूसरी बार संधि की। औरंगजेब ने शिवाजी को राजा की मान्यता दी। शिवाजी के पुत्र संभाजी को 5000 की मनसबदारी मिली और शिवाजी को पूना, चाकन तथा सूपा का जिला लौटा दिया गया। पर सिंहगढ़ और पुरंदर पर मुगलों का आधिपत्य बना रहा। सन् 1670 में सूरत नगर के दूसरी बार शिवाजी ने लूटा। नगर से 132 लाख की संपत्ति शिवाजी के हाथ

लगी और लौटते वक्त उन्होंने मुगल सेना को सूरत के पास फिर से हराया।

राज्याभिषेक– सन् 1674 तक शिवाजी ने उन सारे प्रदेशों पर अधिकार कर लिया था, जो पुरंदर की संधि के अंतर्गत उन्हें मुगलों को देने पड़े थे। पश्चिमी महाराष्ट्र में स्वतंत्र हिन्दू राष्ट्र की स्थापना के बाद शिवाजी ने अपना राज्याभिषेक करना चाहा, परंतु मुस्लिम शासकों ने ब्राह्मणों को धमकी दी कि जो भी शिवाजी का राज्याभिषेक करेगा, उसकी हत्या कर दी जाएगी। जब यह बात शिवाजी तक पहुँची, तब शिवाजी ने इसे एक चुनौती के रूप में लिया और कहा कि अब वे उस राज्य के ब्राह्मण से ही अभिषेक करवाएँगे, जो मुगलों के अधिकार में हैं। शिवाजी के निजी सचिव बालाजी ने काशी में तीन दूत भेजे, क्योंकि काशी मुगल साम्राज्य के अधीन थी। जब दूतों ने संदेश दिया तो काशी के ब्राह्मण बड़े प्रसन्न हुए। किंतु मुगल सैनिकों को यह बात पता चल गई, तब उन ब्राह्मणों को पकड़ लिया गया। परंतु उन ब्राह्मणों ने युक्तिपूर्वक मुगल सैनिकों के समक्ष उन दूतों से कहा कि शिवाजी कौन है, हम नहीं जानते हैं। वे किस वंश से हैं? दूतों को पता नहीं था, इसलिए उन्होंने कहा कि हमें पता नहीं है। तब मुगल सरदार के समक्ष उन ब्राह्मणों ने कहा कि हमें कहीं अन्यत्र जाना है, शिवाजी किस वंश से हैं, आपने नहीं बताया, अतः ऐसे में हम उनका राज्याभिषेक कैसे कर सकते हैं। हम तो तीर्थयात्रा पर जा रहे हैं और काशी का कोई अन्य ब्राह्मण भी राज्याभिषेक नहीं करेगा, जब तक राजा का पूर्ण परिचय न हो। अतः आप वापस जा सकते हैं।

मुगल सरदार ने खुश होकर ब्राह्मणों को छोड़ दिया और दूतों को पकड़कर औरंगजेब के पास दिल्ली भेजने की सोची, पर वे भी चुपके से निकल भागे। वापस लौटकर उन्होंने यह बात बालाजी राव तथा शिवाजी को बताई। परंतु आश्चर्यजनक रूप से दो दिन बाद वही ब्राह्मण अपने शिष्यों के साथ रायगढ़ पहुँचे और शिवाजी का

राज्याभिषेक किया। इसके बाद मुगलों ने फूट डालने की कोशिश की और शिवाजी के राज्याभिषेक के बाद भी पूना के ब्राह्मणों को धमकी दी कि शिवाजी को राजा मानने से मना करो, ताकि प्रजा भी इसे न माने। लेकिन उनकी नहीं चली। शिवाजी ने अष्टप्रधान मंडल की स्थापना की। विभिन्न राज्यों के दूतों, प्रतिनिधियों के अलावा विदेशी व्यापारियों को भी इस समारोह में आमंत्रित किया गया। पर उनके राज्याभिषेक के 12 दिन बाद ही उनकी माता का देहांत हो गया था। इस कारण से 4 अक्टूबर 1674 को दूसरी बार शिवाजी ने छत्रपति की उपाधि ग्रहण की। दो बार हुए समारोह में लगभग 50 लाख रूपए खर्च हुए। इस समारोह में हिंदू स्वराज की स्थापना का उद्‌घोष किया गया था। विजयनगर के पतन के बाद दक्षिण में यह पहला हिंदू साम्राज्य था। एक स्वतंत्र शासक की तरह उन्होंने अपने नाम का सिक्का चलवाया। इसके बाद बीजापुर के सुल्तान ने कोंकण विजय के लिए अपने दो सेनापतियों को शिवाजी के विरूद्ध भेजा, पर वे असफल रहे।

दक्षिण में दिग्विजय– सन् 1677–78 में शिवाजी का ध्यान कर्नाटक की ओर गया। बंबई के दक्षिण में कोंकण, तुंगभद्रा नदी के पश्चिम में बेलगाँव तथा धारवाड़ का क्षेत्र, मैसूर, बेलारी, त्रिचूर तथा जिंजी पर अधिकार करने के बाद 3 अप्रैल, 1680 को शिवाजी का देहांत हो गया।

मृत्यु और उत्तराधिकार– उस समय शिवाजी के उत्तराधिकारी संभाजी बने। शिवाजी के ज्येष्ठ पुत्र संभाजी थे और दूसरी पत्नी से राजाराम नामक एक दूसरा पुत्र था। उस समय राजाराम की उम्र मात्र 10 वर्ष थी अतः मराठों ने संभाजी को राजा मान लिया। उस समय औरंगजेब राजा शिवाजी का देहांत की खबर सुनकर पूरे भारत पर राज करने की अभिलाषा से अपनी 5,00,000 सेना लेकर दक्षिण भारत को जीतने निकला। औरंगजेब ने दक्षिण में आते ही आदिलशाह 2 दिनों में और कुतुबशाही एक ही दिन में खत्म कर दी। पर राजा संभाजी के नेतृत्व में मराठों ने 9 साल युद्ध करते हुए

अपनी स्वतंत्रता बरकरार रखी। औरंगजेब के पुत्र शहजादा अकबर (औरंगजेब का चौथा पुत्र) ने औरंगजेब के खिलाफ विद्रोह कर दिया। संभाजी ने उसको अपने यहाँ शरण दी। औरंगजेब ने अब फिर पूरी ताकत से संभाजी पर आक्रमण कर दिया। अंततः 1689 में संभाजी के सगे साले ने गणोजी शिर्के की मुखबरी से संभाजी को मुकरव खाँ द्वारा बंदी बना लिया गया। औरंगजेब ने राजा संभाजी से बदसलूकी कर उन्हें मार दिया। यह सब देखकर पूरा मराठा स्वराज्य क्रोधित हुआ। उन्होंने अपनी पूरी ताकत से राजाराम के नेतृत्व में मुगलों से संघर्ष जारी रखा। 1700 ईस्वी में राजाराम की मृत्यु हो गई। उसके बाद राजाराम की पत्नी ताराबाई 4 वर्षीय पुत्र शिवाजी द्वितीय की संरक्षिका बनकर राज करती रही। आखिरकार 25 साल तक मराठा स्वराज्य से युद्ध लड़कर थका हुआ औरंगजेब उसी छत्रपति शिवाजी के स्वराज्य में दफन हो गया।

शासन और व्यक्तित्व– शिवाजी को एक कुशल और प्रबुद्ध सम्राट् के रूप में जाना जाता है। यद्यपि उनको अपने बचपन में पारंपरिक शिक्षा कुछ खास नहीं मिली थी, पर वे भारतीय इतिहास और राजनीति से सुपरिचित थे। उन्होंने शुक्राचार्य तथा कौटिल्य को आदर्श मानकर कूटनीति का सहारा लेना कई बार उचित समझा था। शासन की समूची बागडोर राजा के हाथ में ही थी। पर उनके प्रशासकीय कार्यों में मदद के लिए आठ मंत्रियों की एक परिषद् थी, जिन्हें 'अष्टप्रधान' कहा जाता था। इसमें मंत्रियों के प्रधान को 'पेशवा' कहते थे, जो राजा के बाद सबसे प्रमुख पद था। 'अमात्य' वित्त औरा राजस्व के कार्यों को देखता था तो मंत्री राजा की व्यक्तिगत दैनंदिनी का ख्याल रखता था। सचिव दफ्तरी काम करते थे, जिसमें शाही मुहर लगाना और संधिपत्रों पर आलेख तैयार करना आदि काम शामिल होते थे। सुमंत विदेश मंत्री होता था। सेना के प्रधान को 'सेनापति' कहते थे। दान और धाार्मिक मामलों के प्रमुख को 'पंडितराव' कहते थे। न्यायाधीश न्यायिक मामलों का प्रधान होता था।

मराठा साम्राज्य तीन या चार विभागों में विभक्त था। प्रत्येक प्रांत में एक सूबेदार था, जिसे 'प्रांतपति' कहा जाता था। हर सूबेदार के पास भी एक अष्टप्रधान समिति होती थी। कुछ प्रांत केवल करदाता थे और प्रशासन के मामले में स्वतंत्र। न्याय व्यवस्था प्राचीन पद्धति पर आधारित थी। शुक्राचार्य, कौटिल्य और हिंदू धर्मशास्त्रों को आधार मानकर निर्णय लिये जाते थे। गाँव के पटेल फौजदारी मुकदमों की जाँच करते थे। राज्य की आय का साधन भूमि–कर था, पर चौथ और सरदेशमुखी से भी राजस्व वसूला जाता था। 'चौथ' पड़ोसी राज्यों की सुरक्षा की गारंटी के लिए वसूला जाने वाला कर था। शिवाजी अपने को मराठों का 'सरदेशमुख' कहते थे और इसी हैसियत से सरदेशमुखी कर वसूला जाता था।

राज्याभिषेक के बाद उन्होंने अपने एक मंत्री (रामचंद्र अमात्य) को शासकीय उपयोग में आने वाले फारसी शब्दों के लिए उपयुक्त संस्कृत शब्द निर्मित करने का कार्य सौंपा। रामचंद्र अमात्य ने धुंधिराज नामक विद्वान् की सहायता से 'राज्यव्यवहार कोश' नामक ग्रंथ का प्रणयन किया। इस कोश में फारसी के 1380 प्रशासनिक शब्दों के तुल्य संस्कृत शब्द थे।

धार्मिक नीति– शिवाजी एक समर्पित हिंदू तथा धार्मिक सहिष्णु थे। उनके साम्राज्य में मुसलमानों के धार्मिक स्वतंत्रता थी। कई मस्जिदों के निर्माण के लिए शिवाजी ने अनुदान दिया। हिंदू पंडितों की तरह मुसलमान संतों और फकीरों को भी सम्मान प्राप्त था। उनकी सेना में मुसलमान सैनिक भी थे। शिवाजी हिंदू संस्कृति को बढ़ावा देते थे। पारंपरिक हिंदू मूल्यों तथा शिक्षा पर बल दिया जाता था। वे अपने अभियानों का आरंभ भी अकसर दशहरा के अवसर पर करते थे।

चरित्र– शिवाजी महाराज को अपने पिता से स्वराज की शिक्षा मिली। जब बीजापुर के सुल्तान ने शाहजी राजे को बंदी बना लिया तो एक आदर्श पुत्र की तरह उन्होंने बीजापुर के शाह से संधि कर

शाहजी राजे को छुड़वा लिया। इससे उनके चरित्र में एक उदार गुण नजर आता है। उसके बाद उन्होंने पिता की हत्या नहीं करवाई, जैसा कि अन्य सम्राट् किया करते थे। शाहजी राजे के मरने के बाद ही उन्होंने अपना राज्याभिषेक करवाया। हालाँकि वे उस समय तक अपने पिता से स्वतंत्र होकर एक बड़े साम्राज्य के अधिपति बन गए थे। उनके नेतृत्व को सब लोग स्वीकार करते थे, यही कारण है कि उनके शासनकाल में कोई आंतरिक विद्रोह जैसी घटना नहीं हुई थी।

वे एक अच्छे सेनानायक के साथ एक अच्छे कूटनीतिज्ञ भी थे। कई जगहों पर उन्होंने सीधे युद्ध लड़ने की बजाय गुरिल्ला युद्ध किया था, लेकिन यही उनकी युद्धनीति होती थी, जो हर बार बड़े से बड़े शत्रु को मात देने में उनको सफलता देती रही।

शिवाजी महाराज की 'गनिमी कावा' नामक कूटनीति, जिसमें शत्रु पर अचानक आक्रमण करके उसे हराया जाता है, विलोभनीयता से और आदरसहित याद किया जाता है।

शिवाजी महाराज के गौरव में ये पंक्तियाँ प्रसिद्ध हैं–

शिवरायांचे आठवावे स्वरूप।
शिवरायांचा आठवावा साक्षेप।
शिवरायांचाआठवावा प्रताप। भूमंडली।।

३३

महराजा छत्रसाल

राज्य अवधि- सन् 1678 से 1731 तक

परिचय- बुंदेलखंड के शिवाजी के नाम से प्रसिद्ध महाराज छत्रसाल मध्ययुगीन भारत के एक प्रतापी हिन्दू योद्धा थे। उन्होंने मुगल शासक औरंगजेब से युद्ध करके अपना राज्य स्थापित कर 'महाराजा' की पदवी प्राप्त की।

पिता चंपतराय और माता लालकुँवरि के तीसरे पुत्र के रूप में छत्रसाल का जन्म 4 मई, 1649 (ज्येष्ठ शुक्ल 3 संवत् 1706 विक्रमी) को वर्तमान टीकमगढ़ जिले के विंध्य वनों की मोर पहाड़ियों में हुआ। चंपतराय उन दिनों हिंदू धर्म के सम्मान की रक्षा हेतु मुगलों से छापामार युद्ध कर रहे थे।

परिवारिक विषम परिस्थतियों के कारण इनका अधिकांश बचपन अपने मामा के यहाँ व्यतीत हुआ। यहीं पर प्रारम्भिक शिक्षा के साथ इन्होंने युद्ध कौशल और शस्त्र–संचालन में निपुणता प्राप्त की। मात्र दस वर्ष की बाल्यावस्था में वे एक कुशल सैनिक बन गए थे। इसका प्रमाण है कि माँ विंध्यवासिनी की पूजा के समय जब यवन घुड़सवार सैनिक उनकी मूर्ति तोड़ने आए तो छत्रसाल ने अपने साथियों के साथ मिलकर उन आक्रमणकारियों को पराजित किया।

राज्य विस्तार– अपने पिता चंपतरय को उनके अंतिम समय में हिंदू धर्म एवं हिंदू समाज की रक्षा हेतु दिए वचन को पूरा करने के लिए छत्रसाल ने स्वतंत्र एवं गरिमामय बुंदेलखंड की स्थापना की। राज्य स्थापना की महान् प्रेरणा उन्हें छत्रपति शिवाजी महाराज से प्राप्त हुई। शिवाजी ने कहा था–

करो देश के राज छतारे।
हम तुमसे कबहु नहीं न्यारे।
दौर देश मुगलन को मारो।
दपटि दिल्ली के दल संहारो।
तुम हो महावीर मरदाने,
करि हौ भूमि भोग हम जाने।
जो इत ही तुम को हम राखे।
तो सब सुयश हमारे भाषें।।

राज्य विस्तार के क्रम में महाराज छत्रसाल ने मुगलों द्वारा की गई छलपूर्ण घेराबंदी के विरूद्ध छापामार युद्ध नीति को अपनाया।

इस धर्मरक्षक शूरवीर ने मुगलों से इटावा, खिमलासा, गढ़ाकोटा, धामौनी, रामगढ़, रत्नागिरी, शहगढ़, कंजिया, मडियादो, रहली सहित अनेक स्थानों पर लड़ाई लड़ी और दुश्मन को परास्त किया। इनके पराक्रम से विचलित होकर मुगलों के वासिया के युद्ध के बाद इन्हें राजा के रूप में स्वीकार्य किया। महाराज ने कालिंजर के किले पर अपनी विजय पताका फहराने के बाद सन् 1678 में पन्ना में अपनी राजधानी स्थापित की। धीरे–धीरे राष्ट्रप्रेम, वीरता और हिंदू धर्म की रक्षा के प्रति समर्पण के कारण इन्हें भारी जन–समर्थन प्राप्त होता गया। अब हिंदू जनता के मन में विदेशी मुगल आक्रमणकारियों का भय समाप्त हो रहा था। भारत के केंद्र में हिन्दू धर्म और भारतमाता ने पुनः अपने गौरव को प्राप्त किया था।

छत्रसाल ने अपने पराक्रम के बल पर मात्र 5 घुड़सवार और 25 पैदल सैनिकों की सहायता से राज्य विस्तार के कार्य को अत्यधिक प्रसारित किया। अब छत्रसाल का राज्य उत्तर में ग्वालियर के निकट से लेकर दक्षिण में मालवा तक और पूर्व में हमीरपुर से पश्चिम में नरवर तक विस्तृत हो चुका था। वृहद रूप से यह राज्य यमुना, चंबल, नर्मदा और टोंस नदियों की सीमा तक विस्तृत हो गया था।

इत जमुना उत नर्मदा इत चंबल उत टोंस।
छत्रसाल सों लरन की रही न काहू होंस।।

राज्य संचालन–व्यवस्था– हिंदू धर्म की रक्षा के क्रम में महाराज छत्रसाल के सान्निध्य में संगठित हुई जनता के कल्याण एवं सुरक्षा हेतु एक कुशल राज्य संचालन की आवश्यकता थी। प्रत्येक महान् नायक को एक सच्चे गुरू की आवश्यकता होती है। इसी क्रम में छत्रसाल की वीरता और हिंदू धर्मरक्षा के प्रति उनकी वचनबद्धता से प्रभावित होकर गुरू प्राणनाथ उनके सच्चे मार्गदर्शक बने।

राज्य विस्तार के क्रम में महाराज छत्रसाल ने छापामार युद्ध नीति और युद्ध संधि का सहारा लिया। इससे न केवल उनके राज्य

को सुरक्षा मिली, बल्कि वे एक लंबे समय तक स्थायित्व पाने में भी सफल रहे। इसी नीति का परिणाम था कि उन्होंने अपने जीवन के 83 वर्षों में छोटे–बड़े कुल मिलाकर लगभग 52 युद्ध लड़े और वे शायद ही कभी पराजित हुए थे।

राज्य के प्रत्येक गाँव में गुप्तचरों की नियुक्ति की व्यवस्था तथा मंदिरों को सद्‌भाव केंद्र के रूप में विकसित करने की प्रेरणा उन्हें छत्रपति शिवाजी तथा गुरू प्राणनाथ से मिली। शांतिकाल में वे स्वयं नित्य पूजापाठ करते थे।

एक हिंदू राज्य के संस्थापक एवं कट्‌टर हिंदू राजा होने के बावजूद वे अत्यधिक सहिष्णु एवं उदार थे। उन्हेांने अपने राज्य में मुसलमान नागरिकों को भी अन्य नागरिकों के समान सुविधाएँ प्रदान कीं। अनेक युद्धों में उन्होंने मारे गए मुसलमान सैनिकों का अंतिम संस्कार मुस्लिम धार्मिक पद्धति से संपन्न कराया। यह उनकी न्याय व्यवस्था की ही उपलब्धि थी कि उनके राज्य के कर्मचारी साधारण जनता को परेशान नहीं करते थे। दुराचारी कर्मचारियों के प्रति कठोर दंड की व्यवस्था के कारण उनका राज्य अधिकतर अपराध मुक्त रहता था।

राष्ट्र पुनर्निर्माण में योगदान– मध्यकालीन भारत में विदेशी मुस्लिम शासकों एवं आक्रमणकारियों से सतत संघर्ष करनेवालों में छत्रपति शिवाजी और महाराणा प्रताप के साथ बुंदेल खण्ड केसरी छत्रसाल महाराज का नाम विशेष रूप से उल्लेखनीय है। 14 दिसंबर, 1731 को उन्होंने विजयी भाव से अंतिम साँस ली। राष्ट्र–निर्मण के क्रम में मध्य भारत पर अपनी विजय पताका फहराकर मुगलों को उत्तर एवं दक्षिण भाग में सिमटने पर मजबूर कर दिया।

उन्होंने हिंदू समाज को पतित होने से न केवल बचाया, बल्कि आम जनता में अपने धर्म के प्रति गर्व करने की प्रेरणा दी। अत्यंत कम साधनों के रहते उन्होंने दृढ़ निश्चय और ईश्वर के आशावादी

मार्ग पर चलकर, धर्मरक्षा के मार्ग में आने वाली चुनौतियों का सामना करके अपने लक्ष्य की प्राप्त की।

नगरों के महत्त्व को समझते हुए महाराज छत्रसाल ने छतरपुर नगर की स्थापना की। इसी प्रकार महोना तथा पन्ना उनके राजधानी नगर थे। वे न केवल एक कुशल प्रशासक एवं सेनानायक थे, बल्कि एक उत्कृष्ट लेखक होने के साथ अच्छे कवि भी थे। उनके राज्य में 'भूषण' जैसे महान् कवियों को आश्रय मिला। लालकवि, हरिकेश एवं निवाज इनके अन्य दरबारी कवि थे। हिंदू धर्म के इस महान् रक्षक को उनके दृढ़ निश्चय, कठोर अनुशासन और राष्ट्रप्रेम के लिए सदैव याद किया जाएगा।

उत्तराधिकारी परंपरा– महाराज छत्रसाल के राज्य में उनके शासनकाल में हिंदू धर्म पताका गर्व से फहराई गई। अपने द्वारा शून्य से संपूर्ण प्राप्त करने के बाद महाराज ने जीवन के अंतिम समय में राज्य को पुत्रों में विभाजित कर दिया। अपने ज्येष्ठ पुत्र जगतराज और कनिष्ठ पुत्र हिरदेशाह के मध्य बराबर हिस्सा बाँटने के साथ महाराज ने बाजीराव को अपना तीसरा पुत्र मानते हुए झाँसी, सागर, गुरसराय, काल्पी, गरौठा, गुना, सिरोंज और हटा के क्षेत्र सौंप दिए।

इस प्रकार प्रजा की समृद्धि और शांति से, राज्य संचालन के उत्तराधिकार की सर्वाधिक उचित प्रक्रिया को लागू किया। उन्होंने स्वयं भी कहा है–

राजी सब रैयत रहे, ताजी रहे सिपाहि।
छत्रसाल ते राज को, बार न बाँको जाहि।।

३४

पेशवा बाजीराव प्रथम

राज्य अवधि- सन् 1720 से 1740 तक।

जीवन परिचय- पेशवा बाजीराव एक महान् योद्धा, राजनीतिज्ञ, राजमर्मज्ञ तथा राज्य–निर्माता थे। सन् 1720 में शाहूजी ने बालाजी विश्वनाथ के बड़े पुत्र बाजीराव प्रथम को पेशवा नियुक्त कर दिया। यद्यपि वह केवल 19 वर्ष का युवक था, परंतु उसकी सूझबूझ अद्भुत थी। उसे अपने पिता से कूटनीति तथा प्रशासन में बहुत प्रशिक्षण प्राप्त था। उन्होंने अपने कुशल नेतृत्व एवं रणकौशल के बल पर

मराठा साम्राज्य का विस्तार किया। बाजीराव प्रथम को सभी नौ महान् पेशवाओं में सर्वश्रेष्ठ माना जाता है।

पेशवा बाजीराव का जन्म 18 अगस्त, 1700 में हुआ था, इनके पिता का नाम बालाजी विश्वनाथ था तथा माता का नाम राधाबाई एवं पत्नी का नाम काशीबाई था। अपनी छोटी उम्र में ही बाजीराव ने राजनीति का ज्ञान अपने पिता से हासिल कर लिया था। पिता की मृत्यु के बाद गद्‌दी पर बैठे और मराठा साम्राज्य का संचालन ही नहीं सँभाला अपितु राज्य विस्तार भी किया। दुर्भाग्यवश बाजीराव ज्यादा दिन तक जीवित न रह सके। इनकी मृत्यु पश्चिमी निमाड़, मध्य प्रदेश में नर्मदा नदी के तट पर हुई और आज भी उनकी समाधि नर्मदा घाट पर बनी हुई है।

राज्य-विस्तार– अल्पवयस्क होते हुए भी बाजीराव ने असाधारण योग्यता प्रदर्शित की और पेशवा बनने के बाद 20 वर्ष तक साम्राज्य विस्तार करते रहे। इस समय भारत की जनता मुगलों के साथ–साथ अंग्रेजों व पुर्तगालियों के अत्याचारों से त्रस्त हो चुकी थी। बाजीराव ने उत्तर भारत से लेकर दक्षिण भारत तक ऐसी विजय–पताका फहराई कि उनके नाम का चारों ओर डंका बजने लगा।

पेशवा बाजीराव के सम्मुख सबसे बड़ी चुनौती दक्षिण के निजामों की ओर से थी। दक्षिण का निजाम चौथ तथा सरदेशमुखी प्राप्त करने के अधिकार को चुनौती दे रहा था। आसफशाह निजामुलमुल्क, जो सन् 1713–15 तक दक्कन का वाइसराय था, लगातार पेशवा बाजीराव के लिए मुश्किलें खड़ी कर रहा था। वह मराठों से ईर्ष्या करता था। उसका अधिकार क्षेत्र दक्कन राज्य था। बाजीरा ने बड़ी कूटनीति के साथ निजामों को संधि करने के लिए बाध्य किया, परंतु उससे पहले 7 मार्च, 1728 को पालखेड़ के समीप निजाम को करारी हार दी। निजाम की इस हार से दक्कन में मराठों की सर्वोच्चता स्थापित हो गई।

दक्कन विजय के बाद सबसे महत्त्वपूर्ण राज्य गुजरात तथा मालवा था, क्योंकि इस समय मालवा एवं गुजरात व्यापार का प्रमुख केंद्र बन गया था। बाजीराव ने बड़ी कूटनीति के साथ मुगलों के आधिपत्य को गुजरात तथा मालवा से लुप्तप्राय कर दिया था। अन्य महत्त्वपूर्ण विजयों में बुंदेलखंड विजय महत्त्वपूर्ण है। मुगलों ने बुंदेलों के कुछ क्षेत्रों पर अधिकार करना शुरू कर दिया। इस पर बुंदेल छत्रसाल ने मराठा सेना की सहायता माँगी। सन् 1728 में मराठों ने बुंदेलखंड के सभी विजित प्रदेश मुगलों से छीन लिये। कृतज्ञ छत्रसाल ने पेशवा की शान में एक दरबार का आयोजन किया तथा कालपी, सागर, झाँसी और हृदयनगर पेशवा को निजी जागीर के रूप में भेंट कर दिए। इसी के साथ उत्तर भारत में मराठा शक्ति का उदय हुआ। बाजीराव ने दिल्ली एवं भोपाल के युद्ध (1737) में भी रण–कुशलता का परिचय दिया।

योगदान एवं उपलब्धियाँ– मराठा ने साम्राज्य का विस्तार करने के साथ–साथ दिल्ली से मुगलों की सत्ता को भी हिला दिया। अपने पेशवा काल के बीस वर्षों तक वे गतिशील रहे। वे मुगलों की तोप शक्ति को जानते थे, इसलिए वे प्रायः शत्रु की रसद तथा आपूर्ति को काट देते और शत्रु को झुकाने में सफल हो जाते थे। पालखेड़ और भोपाल में उन्होंने इसी नीति का पालन किया। उसकी सेना की प्रमुख विशेषता थी– गतिशीलता तथा तीव्रगति। बाजीराव एक सफल सैनिक, महान् नेता तथा सामरिक नीतिज्ञ थे वे अपने आक्रमणों की योजना बहुत ही सजगता से बनाते। जिस प्रकार उन्होंने निजाम को दो बार अपने चंगुल में फँसाकर हराया, यह उनकी अद्‌भुत बौद्धिक कुशलता को दर्शाता है।

बाजीराव ने वृहद् महाराष्ट्र की नींव डाली। मराठों का राज्य अब अरब सागर से बंगाल की खाड़ी तक फैल गया था। भारतीय शक्ति का केंद्र बिंदु अब दिल्ली नहीं, पूना बन गया था। यह महत्त्वपूर्ण परिवर्तन एक महान् शक्तिशाली योद्धा के नेतृत्व में संभव हुआ। बाजीराव की

प्रशंसा के संदर्भ में विभिन्न इतिहासकारों ने खूब लिखा है। रिचर्ड टेंपल के शब्दों में, ''घुड़सवारी में बाजीराव से बाजी मारना कठिन था।'' किनकेड पार्सिनीज तथा एच.एन. सिन्हा ने भी लिखा है– ''बाजीराव सेनापति के रूप में अद्वितीय थे, उनकी योजनाओं में मौलिकता थी और वे कूटनीति पर सदैव दृष्टि रखते थे।''

उत्तराधिकारी–सन् 1740 में उनके निधन के पश्चात् उनका ज्येष्ठ पुत्र बालाजी बाजीराव पेशवा के रूप में उत्तराधिकारी बना। बालाजी साहेब पेशवा के रूप में भी जाना जाता है।

३५

महाराजा रणजीत सिंह

राज्य अवधि- सन् 1801 से सन् 1839।

जीवन-परिचय- महाराजा रणजीत सिंह सिख साम्राज्य के संस्थापक थे। वे शेर–ए–पंजाब के नाम से प्रसिद्ध थे। महाराजा रणजीत सिंह एक ऐसे व्यक्ति थे, जिन्होंने न केवल पंजाब को एक सशक्त राज्य के रूप में एकजुट रखा, बल्कि अपने जीते–जी अंग्रेजों को अपने साम्राज्य के पास भी नहीं फटकने दिया। रणजीत सिंह का जन्म

1780 में गुजराँवाला (अब पाकिस्तान) में जाट सिख महाराजा महान् सिंह के घर हुआ था। उन दिनों पंजाब पर सिखों और अफगानों का राज था, जिन्होंने पूरे इलाके को कई मिसिलों में बाँट रखा था। रणजीत सिंह के पिता महान सिंह सुकरचकिया मिसिल के कमांडर थे। पश्चिमी पंजाब में स्थित इस इलाके का मुख्यालय गुजराँवाला था। छोटी सी उम्र में चेचक की वजह से महाराजा रणजीत सिंह की एक आँख की रोशनी जाती रही। मात्र 12 वर्ष के थे, तब पिता चल बसे और राजपाट का सारा दायित्व इन्हीं के कंधों पर आ गया। 12 अप्रैल, 1801 को रणजीत सिंह ने महाराजा की उपाधि ग्रहण की। गुरूनानकजी के एक वंशज ने उनकी ताजपोशी संपन्न कराई। उन्होंने लाहौर को अपनी राजधानी बनाया। इनकी मृत्यु 58 वर्ष की आयु में 27 जून, 1839 को लाहौर में हुई।

राज्य विस्तार– रणजीत सिंह पिता की मृत्यु के पश्चात 12 वर्ष की आयु में सुकरचकिया मिसिल के कमांडर बन गए। सन् 1798 में जमानशाह के पंजाब से लौट जाने पर उन्होंने लाहौर पर अधिकार कर लिया। धीरे–धीरे सतलुज से सिंधु तक जितनी मिसिलें राज कर रही थीं, सबको अपने अधीन कर लिया। अब उन्होंने पंजाब के दक्षिणी, पश्चिम एवं उत्तरी भागों पर आक्रमण करना प्रारंभ कर दिया और दस वर्ष में मुल्तान, पेशावर तथा कश्मीर तक अपने राज्य को विस्तार किया।

अब पेशावर समेत समस्त पश्तून क्षेत्र पर उन्हीं का अधिकार हो गया। यह पहला मौका था, जब पश्तूनों पर किसी गैर–मुस्लिम ने राज किया। पहली आधुनिक भारतीय सेना 'सिख खालसा सेना' गठित करने का श्रेय भी उन्हीं को जाता है। उनकी सरपरस्ती में पंजाब बहुत शक्तिशाली राज्य बना। इसी ताकतवर सेना ने लंबे समय तक अंग्रेजों को पंजाब हड़पने से रोके रखा। एक ऐसा भी मौका आया जब पंजाब ही एकमात्र ऐसा राज्य था, जिस पर अंग्रेजों का अधिकार नहीं था।

योगदान एवं उपलब्धियाँ– महाराजा रणजीत सिंह खुद अनपढ़ थे, परंतु उन्होंने अपने राज्य में शिक्षा और कला को बहुत प्रोत्साहन दिया। उन्होंने पंजाब में कानून एवं व्यवस्था कायम की और कभी भी किसी को मृत्युदंड नहीं दिया। उनका राज्य धर्मनिरपेक्ष राज्य था। उन्होंने हिंदुओं और सिखों से वसूले जाने वाले जजिया कर पर भी रोक लगाई। कभी भी किसी को सिख धर्म अपनाने के लिए विवश नहीं किया। उन्होंने अमृतसर के हरिमंदिर साहिब गुरूद्वारे में संगमरमर लगवाया और सोने से मढ़वाया। तभी से उसे स्वर्ण मंदिर कहा जाने लगा। बेशकीमती हीरा कोहिनूर महाराज रणजीत सिंह के खजाने की शान थी। हिंदू मंदिरों में भी सोना भेंट करने के लिए वे प्रसिद्ध थे। काशी के विश्वनाथ मंदिर में भी उन्होंने पर्याप्त सोना अर्पित किया था। सन् 1839 में लाहौर में उनके निधन के बाद वहीं उनकी समाधि बनवाई गई, जो आज भी वहाँ पर है।

उत्तराधिकारी- महाराजा रणजीत सिंह की मृत्यु के पश्चात सन् 1839 में उनके ज्येष्ठ पुत्र महाराजा खड़क सिंह को उनका उत्तराधिकारी घोषित किया गया।

३६

कालजयि सुभाषचंद्र बोस (नेताजी)

जीवन परिचय- नेताजी के नाम से जगत्–विख्यात सुभाषचंद्र बोस का जन्म 23 जनवरी, 1897 को उड़ीसा के कटक में हुआ था। उनके पिता का नाम जानकी नाथ बोस था, जो व्यवसाय से एक प्रख्यात अधिवक्ता थे एवं उनकी माता का नाम प्रभावती देवी था। माँ धार्मिक विचारों वाली थी। नेताजी के जीवन पर अनेक महापुरूषों का

प्रभाव देखा जा सकता है। इसके पीछे उनकी पारिवारिक पृष्ठभूमि एवं माता–पिता तथा बड़े भाई शरतचंद्र का नाम विशेष उल्लेखनीय है।

बचपन से ही उनमें संगठन एवं नेतृत्व का गुण था। वे पड़ोस के बच्चों को इकट्ठा करके माँ से सुनी भक्त प्रहलाद, ध्रुव, भरत आदि की कहानियाँ सुनते एवं अर्जुन, परशुराम, कौरव–पांडवों आदि का अभिनय करते थे।

नेताजी की प्रारंभिक शिक्षा कटक के प्रोटेस्टेंट स्कूल से हुई। सन् 1909 में उन्होंने रेवेनशॉं कॉलजियट से माध्यमिक, मैट्रिक एवं इंटरमीडिएट की परीक्षाएँ उत्तीर्ण की। इसी बीच इन्होंने विवेकानंद के साहित्य का अध्ययन किया। विवेकानंद के जीवन की अमिट छाप उनके संपूर्ण जीवन पर देखी जा सकती है। सन् 1919 में बी.ए. (ऑनर्स) की परीक्षा प्रथम श्रेणी में उत्तीर्ण की। एम0ए0 की पढ़ाई के समय पिता ने आई.सी.एस. की तैयारी के लिए लंदन जाने का प्रस्ताव रखा। न चाहते हुए भी उन्होंने जाने का फैसला लिया। उन्होंने न केवल परीक्षा पास की, बल्कि परीक्षा में चौथा स्थान प्राप्त किया।

देश की स्वतंत्रता के लिए योगदान– नेताजी को अंग्रेजों की अधीनता स्वीकार नहीं थी। वे अपनी मातृभूमि से प्रेम करते थे, इसलिए आई.सी.एस. से त्यागपत्र देकर सन् 1921 में वापस भारत आ गए। स्वदेश लौटने पर नेताजी चितरंजन दास एवं गांधी की प्रेरणा से भारतीय राष्ट्रीय कांग्रेस से जुड़ गए। महात्मा गांधी और नेताजी के विचार भिन्न–भिन्न थे, लेकिन वे अच्छी तरह जानते थे कि उनका उद्देश्य एक है, वह है 'मातृभूमि को अंग्रेजों से मुक्त कराना।'।

चितरंजन दास उनके राजनीतिक गुरू थे। कलकत्ता पहुँचने पर वे देशबंधु चितरंजन दास द्वारा चलाए जा रहे राष्ट्रीय स्वयंसेवक दल के प्रमुख कार्यकर्ता बने। उन्हें पहली बार सन् 1921 में 6 माह की सजा हुई। उसके बाद तो उन्हें कई बार जेल जाना पड़ा। सन्

1924 में जब चितरंजन दास कलकत्ता के महापौर बने, तब नेताजी महानगर पालिका के कार्यकारी अधिकारी बने। धीरे–धीरे उनका प्रभाव बढ़ता गया। उनके प्रभाव के कारण उन्हें 25 अक्टूबर, 1924 को मांडले (बर्मा) जेल में भेज दिया गया। जेल में उनका स्वास्थ्य बार–बार बिगड़ता गया, फिर भी उन्होंने मातृभूमि की मुक्ति का जो संकल्प लिया था, उससे डिगे नहीं। वे जेल में रहते हुए सन् 1926 के विधानपरिषद् चुनाव में विजयी हुए। 16 मई, 1927 को अंग्रेज सरकार ने उन्हें रिहा कर दिया।

नेताजी और महात्मा गांधी की नीतियों में विभेद के चलते अधिकांश प्रकरणों पर वे गांधी की नरम नीति से असहमत रहते थे। बंबई में कांग्रेस कार्यकारिणी की बैठक बुलाई गई, जहाँ असहमति के चलते उन्होंने बंगाल कांग्रेस कमेटी से त्यागपत्र दे दिया, साथ ही कलकत्ता महापौर के पद से भी। बंबई में उन्हें फिर गिरफ्तार कर लिया गया। जेल में वे बीमार पड़ गए, उन्हें क्षय रोग हो गया। जेल में ही उन्हें सूचना मिली कि उनके पिता बीमार हैं। जेल से बाहर आने पर वे पिता से मिले, पर उनका देहांत हो गया।

सन् 1936 में कांग्रेस के लखनऊ अधिवेशन में नेताजी ने भाग लिया। उसके बाद उन्हें पुनः बंदी बनाकर जेल में डाल दिया। 17 मार्च, 1937 को उन्हें मुक्त किया गया। 19 फरवरी, 1938 में कांग्रेस का 51वाँ अधिवेशन ताप्ती नदी के तट पर गुजरात के हरिपुरा में हुआ। गांधीजी के विरोध के बावजूद नेताजी इसके अध्यक्ष चुने गए। 10 मार्च, 1939 को 52वाँ अधिवेशन मध्य प्रदेश में जबलपुर के त्रिपुरी में हुआ। इस अधिवेशन में नेताजी के सामने गांधीजी द्वारा समर्थित पट्टाभिसीतारमैया थे। नेताजी की लोकप्रियता के आगे गांधी जी के समर्पित सीतारमैया को हार का सामना करना पड़ा। गांधीजी को नेताजी का पुनः अध्यक्ष चुना जाना अच्छा न लगा।

गांधीजी ने पट्टाभिसीतारमैया की हार को अपनी हार बताकर अपने साथियों से कहा दिया कि यदि वे नेताजी के तरीकों से सहमत

नहीं है तो कांग्रेस से हट सकते हैं। इस अधिवेशन में नेताजी तेज बुखार से पीड़ित थे। गांधी जी स्वयं भी इस अधिवेशन में अनुपस्थित रहे। गांधी के कहने पर कांग्रेस के अन्य नेताओं और सदस्यों ने भी नेताजी का साथ नहीं दिया। ऐसे में तंग आकर 29 अप्रैल, 1939 को सुभाषचंद्र ने कांग्रेस अध्यक्ष पद से इस्तीफा दे दिया। 3 मई, 1939 को नेताजी ने कांग्रेस के अंदर ही 'फारवर्ड ब्लॉक' नाम से अपनी एक पार्टी की स्थापना की, उसके बाद उन्हें कांग्रेस से निकाल दिया गया।

द्वितीय विश्वयुद्ध की अनुगूँज का नेताजी ने लाभ उठाने की सोची। उन्हें लगा कि इससे सुनहरा अवसर मातृभूमि की मुक्ति का दूसरा नहीं हो सकता। कांग्रेस की कार्यसमिति के विशेष आमंत्रित सदस्य के रूप में उन्होंने अपनी बात को दोहराते हुए कहा कि यदि कांग्रेस यह काम नहीं कर सकती तो उनकी पार्टी फारवर्ड ब्लॉक ब्रिटिश राज्य के खिलाफ युद्ध शुरू कर देगी। अगले ही वर्ष जुलाई में कलकत्ता स्थित हालवेट स्तंभ, जो भारत की गुलामी का प्रतीक था, नेताजी की यूथ ब्रिगेड ने रातोंरात मिट्‌टी में मिला दिया, उसको तोड़कर नेताजी ने यह संदेश दे दिया कि अब वे चुप बैठने वाले नहीं हैं। अंग्रेज सरकार ने नेताजी सहित फारवर्ड के अन्य नेताओं को जेल में डाल दिया। नेताजी जेल में नहीं रहना चाहते थे, उन्होंने जेल में ही आमरण अनशन शुरू कर दिया। उनकी हालत खराब होने के कारण उन्हें रिहा तो कर दिया, किंतु उन्हें उनके अपने ही घर में नजरबंद कर दिया गया।

15 जनवरी, 1941 को नजरबंदी को धत्ता बताकर नेताजी अपने घर से गायब हो गए। नेताजी ने मौलवी का ऐसा वेश धारण किया था कि अंग्रेजों के जासूस भी उन्हें नहीं पहचान सके। गोमोह (वर्तमान में झारखंड) से रेलगाड़ी में बैठकर वे पेशावर पहुँचे। यहाँ उनकी मुलाकात भगतराम तलवार से हुई। पेशावर से वे काबुल गए। भगतराम तलवार रहमत खान नाम के पठान और नेताजी उनके

गूँगे–बहरे चाचा बने थे। पहले उन्होंने रूसी दूतावास और बाद में जर्मन तथा इटालियन दूतावास में प्रवेश की कोशिश की। इटालियन और जर्मन दूतावस ने उनकी मदद की। यहाँ से नेताजी मास्को पहुँचे। स्टालिन से भारत की मदद करने के लिए कहा, पर बाद में उसने मनाकर दिया। उसके बाद वे जर्मनी की राजधानी बर्लिन में, हिटलर से मिलने गए। हिटलर ने गर्मजोशी से नेताजी का स्वागत किया। यहीं पर नेताजी ने 'आजाद हिंद सेना' का गठन किया। जर्मनी और भारत की भौगोलिक स्थिति में दुरूहता के कारण नेताजी पनडुब्बी में बैठकर टोकियो पहुँचे।

पूर्वी एशिया पहुँचने पर सर्वप्रथम वयोवृद्ध क्रांतिकारी रासबिहारी बोस ने भारतीय स्वतंत्रता परिषद् का नेतृत्व नेताजी को सौंपा। जापान के तत्कालीन प्रधानमंत्री ने नेताजी के व्यक्तित्व से प्रभावित होकर आश्वासन दिया कि उनका साथ देंगे। 'आजाद हिंद फौज' में जापानी सेना ने भारतीय बंदियों को भर्ती किया। इसमें महिलाओं के लिए 'झाँसी की रानी रेजिमेंट' भी बनाई गई। यहीं पर नेताजी ने वहाँ के स्थायी भारतीयों को फौज में भर्ती होने एवं आर्थिक सहयोग देने का आह्वान किया।

8 नवम्बर, 1943 को आजाद हिंद फौज ने जापानी सेना की सहायता से अंडमान एवं निकोबार द्वीप समूह को जीत लिया। उसके पश्चात् आजाद हिंद फौज ने बर्मा की राजधानी रंगून को स्वतंत्र कराने के लिए प्रस्थान किया। रंगून में शहीद यतींद्रदास स्मृति समारोह में यह आह्वाहन किया कि 'तुम मुझे खून दो मैं तुम्हें आजादी दूँगा।' इस आह्वाहन पर हजारों भारत माँ के वीर सपूतों ने मृत्यु के शपथ–पत्र पर हस्ताक्षर कर नेताजी को सौंपे।

द्वितीय विश्वयुद्ध में भाग्य ने जापान का साथ नहीं दिया। जर्मनी ने भी हार मान ली। जापान के अधीन जो भी विजित प्रदेश थे, उन पर पुनः अंग्रेजों का आधिपत्य हो गया। ऐसी परिस्थिति में नेताजी को सुरक्षित स्थान पर पहुँचाना जरूरी समझ उनके साथियों ने उन्हें

सैगोन से टूरेम (इंडोनेशिया) पहुँचाया। 18 अगस्त, 1945 को उन्हें टूरेन से फारमोसा द्वीप के (ताइपेई) स्थान पर पहुँचाया गया। यहाँ कुछ समय विश्राम के बाद जब विमान उड़ा तो यह अंतिम उड़ान अज्ञात दिशा की ओर हुई, जो आज भी विवाद का विषय बनी हुई है।

३७

सरदार वल्लभभाई पटेल

आधुनिक भारत के निर्माता सरदार वल्लभभाई पटेल का जन्म 31 अक्टूबर, 1875 को नादियाड (गुजरात) में एक कृषक परिवार में हुआ था। वे पिता झवेरभाई पटेल एवं मात लाड़बाई की चौथी संतान थे। उनके पिता गुजरात में सन् 1829 में स्वामी सहजानंद द्वारा स्थापित

स्वामी नारायण संप्रदाय के परम भक्त थे। 55 वर्ष की अवस्था में उन्होंने अपना जीवन उसी को अर्पित कर दिया था। वल्लभभाई की माता भी अपने पति के समान एक धर्मपरायण नारी थीं। माता–पिता के श्रेष्ठ गुण, यथा–संयम, साहस, सहिष्णुता, देशप्रेम आदि का प्रभाव वल्लभभाई के चरित्र पर स्पष्ट था।

वल्लभभाई की प्रारंभिक शिक्षा करमसद में हुई। फिर उन्होंने पेटलाद के एक विद्यालय में प्रवेश लिया। दो वर्ष के पश्चात् उन्होंने नाडियाड शहर के एक हाईस्कूल में प्रवेश लिया और 1896 में हाईस्कूल की परीक्षा उत्तीर्ण की। इस बीच 1893 में उनका विवाह झावेरबा के साथ कर दिया गया, पर उन्होंने अपने विवाह को अपनी पढ़ाई के रास्ते में आड़े नहीं आने दिया। अपनी पूरी शिक्षा के दौरान वे एक मेधावी छात्र रहे। लंदन से बैरिस्टर की पढ़ाई पूरी करने के बाद उन्होंने भारत आकर अहमदाबाद में वकालत शुरू की। वे अपना कर्तव्य पूरी इमानदरी, समर्पण व हिम्मत के साथ पूरा करते थे।

सरदार पटेल ने महात्मा गांधी से प्रेरित होकर स्वतंत्रता आंदोलन में भाग लिया। वे गांधीजी के सत्याग्रह के साथ तब तक जुड़े रहे, जब तक वह अंग्रेजों के खिलाफ भारतीयों के संघर्ष में कारगर थे। उन्होंने कभी भी खुद को गांधीजी के नैतिक विश्वास व आदर्शों के साथ नहीं जोड़ा। उनका मानना था कि उन्हें सार्वभौमिक रूप से लागू करने का गांधीजी का आग्रह भारत के तत्कालीन राजनीतिक, आर्थिक व सामाजिक परिप्रेक्ष्य में अप्रासंगिक है। फिर भी गांधीजी के अनुसरण और समर्थन का संकल्प करने के बाद उन्होंने अपनी शैली और वेशभूषा को बदल लिया। उन्होंने गुजरात क्लब छोड़ दिया और भारतीय किसानों के समान वस्त्र और खान–पान को पूरी तरह से अपना लिया।

अपने मित्रों के आग्रह पर उन्होंने 1917 में अहमदाबाद से सैनिटेशन कमिश्नर का चुनाव लड़ा और विजयी हुए। स्वतंत्रता आंदोलन में उनका सबसे पहला और बड़ा योगदान खेड़ा संघर्ष में

हुआ। गुजरात का खेड़ा खंड उन दिनों भयंकर सूखे की चपेट में था। जब अंग्रेज सरकार ने किसानों की कर में छूट की माँग को अस्वीकार कर दिया तब गांधीजी, सरदार पटेल व अन्य लोगों ने किसानों का नेतृत्व किया और उन्हें कर न देने के लिए प्रेरित किया। अंत में सरकार झुकी और करों में राहत दी गई। खेड़ा सत्याग्रह से वल्लभभाई पटेल राष्ट्रीय नायक के रूप में उभरकर सामने आए। उन्होंने गांधीजी के असहयोग आंदोलन का समर्थन किया और गुजरात कांग्रेस के अध्यक्ष के रूप में अहमदाबाद में ब्रिटिश चीजों के बहिष्कार के आयोजन में मदद की। वे 1922, 1924 और 1927 में अहमदाबाद नगर निगम के अध्यक्ष चुने गए। उनके कार्यकाल में बिजली आपूर्ति और शिक्षा में सुधार हुआ तो जल निकासी और स्वच्छता व्यवस्था का पूरे शहर में विस्तार हुआ।

वर्ष 1928 में गुजरात का बारदोली तालुका बाढ़ और अकाल से पीड़ित था। संकट की इस घड़ी में ब्रिटिश सरकार ने राजस्व करों को तीस प्रतिशत बढ़ा दिया। वल्लभभाई ने किसानों के समर्थन में करों को कम करने की गुहार लगाई, लेकिन अंग्रेज गवर्नर ने इससे इनकार कर दिया। उन्होंने किसानों को इकट्ठा किया और करों की एक भी पाई न चुकाने के लिए कहा। सरकार ने इस संघर्ष को दबाने की कोशिश की, किंतु अंततः अंग्रेज सरकार को झुकना पड़ा। इस सफलता पर आन्दोलनकारियों द्वारा उन्हें 'सरदार' नाम दिया गया, जो उनके साथ अविभाज्य रूप से जुड़ गया।

सन् 1930 में नमक सत्याग्रह के दौरान सरदार पटेल को गिरफ्तार कर लिया गया, जिससे पूरे गुजरात में आंदोलन तीव्र हो गया और ब्रिटिश सरकार उन्हें रिहा करने को मजबूर हो गई। 1931 के कराची कांग्रेस अधिवेशन के वे अध्यक्ष चुने गए। लंदन में गोलमेज सम्मेलन की विफलता पर उन्हें गांधीजी के साथ जनवरी 1932 में गिरफ्तार कर लिया गया। अगस्त 1942 में भारत छोड़ो आंदोलन के समय सरदार पटेल समेत कांग्रेस के कई नेताओं को

कारावास में डाल दिया गया। इस प्रकार सरदार वल्लभभाई पटेल ने स्वतंत्रता संघर्ष में अपना बहुमूल्य योगदान दिया और इस निमित्त कई बार जेल की यात्राएँ भी कीं।

द्वितीय विश्वयुद्ध की समाप्ति के बाद तत्कालीन वैश्विक परिस्थितियों में भारत की स्वतंत्रता का मार्ग प्रशस्त हुआ। कैबिनेट मिशन के प्रस्ताव पर गठित अंतरिम मंत्रिमंडल में सरदार पटेल को गृह व सूचना तथा प्रसारण मंत्रालय का दायित्व मिला। यद्यपि अधिकांश प्रांतीय कांग्रेस समितियाँ पटेल के पक्ष में थीं, परंतु गांधीजी की इच्छा का मान रखते हुए उन्होंने प्रधानमंत्री पद की दौड़ से अपने को दूर रखा। गृहमंत्री के रूप में उनकी पहली प्राथमिकता देसी रियासतों को भारत में मिलाना था, क्योंकि भारवर्ष को मिलने वाली स्वतंत्रता खंडित थी।

आजादी के समय भारत में लगभग 565 रियासतें थीं। जब अंग्रेजों ने भारत छोड़ा, तब वे सभी स्वतंत्र शासक बनने के स्वप्न देख रहे थे। उन्होंने तर्क दिया कि स्वतंत्र भारत की सरकार उन्हें बराबरी का दर्जा दे किंतु सरदार पटेल ने स्पष्ट कर दिया कि अलग राज्य का उनका सपना असंभव है और भारतीय गणतंत्र का हिस्सा बनने में ही उनकी भलाई है। महान् बुद्धिमत्ता और राजनैतिक दूरदर्शिता के साथ उन्होंने छोटी रियासतों को संगठित किया। इसके परिणामस्वरूप तीन रियासतों को छोड़कर शेष सभी रजवाड़ों ने बिना रक्तपात के स्वेच्छा से भारत में विलय का प्रस्ताव स्वीकार कर लिया। केवल हैदराबाद, जूनागढ़ तथा जम्मू एवं कश्मीर के राजाओं ने ऐसा करना स्वीकार नहीं किया। अपनी कुशल संगठन शक्ति के बल पर उन्होंने हैदराबाद के निजाम और जूनागढ़ के नवाब को नियंत्रण में कर लिया और दोनों रियासतें भारत का अविभाज्य अंग बन गईं। एक बिखरे हुए देश को उन्होंने बिना किसी रक्तपात के पुनः संगठित कर दिया, जिसके लिए उन्हें 'लौहपुरूष' की उपाधि मिली और उन्हें 'भारत के बिस्मार्क' की संज्ञा से सम्मानित किया गया।

स्वतंत्र भारत के संविधान निर्माण में भी सरदार पटेल ने बहुमूल्य योगदान दिया। संविधान सभा की चार समितियों के वे सदस्य थे। इनमें से दो समितियाँ, यथा सलाहकार समिति और प्रांतीय संविधान समिति के वे अध्यक्ष थे और अन्य दो समितियों, यथा संचालन समिति और राज्य समिति। भारत विभाजन के कुछ वर्ष पूर्व तक विभाजन हो सकता है, यह बात असंभव लगती थी, परंतु सन् 1947 में भारत का विभाजन हो गया।

इतिहास ऐसी अनेक असंभव लगने वाली बातों के संभव होने से भरा पड़ा है। फिर भारत विभाजन को स्थापित सत्य क्यों माना जाए, क्योंकि आज भी प्राथमिक विद्यालय से लेकर संसद तक सभी भारतवासी पंजाब, सिंधु, गुजरात, मराठा, द्राविड, उत्कल, बंगा वाला अखंड स्वरूपवाला राष्ट्रगान उसी भाव के स्मरण के लिए सस्वर गाते हैं।

अटल विश्वास सफलता की सीढ़ी।
अखंड साधनारत कोटिक पीढ़ी।
संभ्रम के मेघों से न मन विचलित।
रजनी उदर फाड़ रवि तन पुलकित।
भव पार लगाती धीरज तरनी।
जग 'राम–प्रतीक्षा' अब तक धरनी।।